KB270119

신공략 중국어
리스닝

원제 : 한어청력속성(汉语听力速成)

다락원

『신공략 중국어 리스닝』은

　『신공략 중국어 리스닝』은 『汉语听力速成』이라는 제목으로 북경어언대학에서 2002년부터 2005년에 걸쳐 발간한 중국어 리스닝 교재의 한국어판이다. 『신공략 중국어 리스닝』은 『신공략 중국어』시리즈의 일부로, 주로 단기 연수생들의 중국어 청취력을 향상시키는 데 주안점을 두고 집필한 교재이다. 한국에서는 한국 대학 교과과정에 맞추어 「초급편」, 「초급에서 중급으로」, 「중급편」의 3단계로 출판하였다. 이 『신공략 중국어 리스닝』 시리즈는 교학 대상의 수요와 요구에 따라 실용성과 시효성을 충분히 고려한 후 학습자들의 일상생활과 학습, 교제 등에 직접적인 관련이 있는 주제들부터 TV 프로그램, 뉴스 등을 통해 접할 수 있는 각 분야의 주제까지 다양하게 선별하여 학습자들이 학습 기간내에 최대한의 학습 효과를 볼 수 있게 구성하였다.

단계별 특징

1. 「초급편(汉语听力速成 - 入门篇)」

　처음 중국어를 배우는 사람부터 이미 200여 개의 어휘를 습득한 초급 수준의 학습자가 배우기에 적합하다. 이 교재는 총 13과로 인사, 숫자, 시간, 교통, 식사, 취미, 방향, 건강, 인물묘사 등 일상생활과 학습, 교제활동에 관련된 내용을 다루고 있다. 본문은 단문 듣기와 일문일답 듣기, 대화 듣기, 긴 문장 듣기 등으로 구성되어 있으며, 짧은 문장에서 긴 문장으로, 쉬운 문장에서 어려운 문장으로 단계적으로 학습할 수 있다.

2. 「초급에서 중급으로(汉语听力速成 – 基础篇)」

간단한 문형과 800여 개의 어휘를 이해하고 있는 초급 및 준중급 수준의 중국어 학습자에게 적합하다. 이 교재는 총 12과로 물건 사기, 진찰 받기, 길 묻기, 여행 등 일상생활과 학습, 교제활동 등에 필요한 내용이 대부분이다. 따라서 본문은 대화 위주로, 학습자의 일상생활 의사 소통에 그 중점을 두고 있다.

3. 「중급편(汉语听力速成 – 提高篇)」

일반적인 구문, 주요 복문, 특수 문형 등을 파악하고 있고 1,500자 이상의 어휘를 학습한 자에게 적합하다. 이 교재는 총 12과로 교통, 스포츠, 직업 등의 일반적인 내용을 다루고 있다. 대화 위주인 본문을 통해 학습자들은 대화는 물론 독백까지 알아들을 수 있는 능력을 키우게 된다.

『신공략 중국어 리스닝−초급편』의 매 과는 새로 나온 단어, 주요 표현 및 문법, 몸풀기 테스트, 리스닝 실전, 종합 문제 등으로 구성되어 있다.

1. 주요 표현 및 문법

학습자들은 이 부분을 통해 예습과 복습을 할 수 있다. 그 과의 중요한 어휘나 구문 등을 자세히 설명하고 예문을 두었다.

2. step1 몸풀기 테스트

리스닝 실전에 들어가기 앞서 어휘와 구문 연습을 해보는 단계이다. 단어 조합, 동음어와 동의어 구분, 주요 구문 연습 위주로 구성되어 있다.

3. step2 리스닝 실전

문장의 길이와 난이도를 초급 수준에 맞게 조절하였고, 학습자들의 흥미 유발과 학습 능률 향상을 위해 같은 형식의 문제가 되풀이 되지 않도록 본문을 다양하게 구성하였다.

4. step3 종합문제

그 과에서 배운 내용을 정리하는 부분이다. 회화 연습, 문장 고쳐 쓰기, 단문 듣기 연습 등 문제의 내용과 형식이 다양하다. 이 부분은 교사가 자신의 교학방법에 따라 수업시간에 모든 내용을 가르쳐도 되고 학생들에게 숙제로 내주어도 된다.

본문

姓名和问候

이름과 안부 묻기

Part 1

새로 나온 단어

先生 xiānsheng 뗑 선생, ~씨

小姐 xiǎojiě 뗑 미스(miss)

大夫 dàifu 뗑 의사

花儿 huār 뗑 꽃

最近 zuìjìn 뗑 최근

电话 diànhuà 뗑 전화

拼音 pīnyīn 뗑 한어병음

老 lǎo 젭투 연배가 높은 사람을 부를 때 성 앞에 붙이는 표현

小 xiǎo 젭투 연배가 낮은 사람을 부를 때 성 앞에 붙이는 표현

怎么 zěnme 때 어떻게, 왜

什么 shénme 때 무엇

给……打电话 gěi……dǎ diànhuà ~에게 전화를 걸다

不过 búguò 젭 그런데, 그러나

意思 yìsi 뗑 의미, 뜻

真 zhēn 뿐 정말로

好听 hǎotīng 혱 듣기 좋다

주요표현 및 문법

1 ……吧?

문장 끝에 쓰여 추측의 어기를 나타낸다.

① 您是张先生吧?
② 你叫王英吧?
③ 李老师是你的老师吧?

2 명사 / 대사＋的(＋명사 / 대사)

'的' 뒤에 오는 명사가 사람이나 구체적인 사물을 가리킬 경우 그 명사는 생략할 수 있다.

① 你的电话，是王英的。
② 书是你的吗?
③ 花儿不是我的，是郑小姐的。

1 　중국인 친구가 있는가? 당신이 알고 있는 중국인의 성과 이름을 써 보시오.

姓 (성)　　　　　　　　　　　　　　　　名字 (이름)

___________________　　　　　　　___________________

___________________　　　　　　　___________________

___________________　　　　　　　___________________

2 　다음은 중국에서 비교적 흔한 성이다. 녹음을 들으면서 소리내어 읽어 보시오.

Wáng 王 — Huáng 黄	Yáng 杨 — Liáng 梁
Zhāng 张 — Jiǎng 蒋	Zhèng 郑 — Zhào 赵
Chén 陈 — Shěn 沈	Sūn 孙 — Sòng 宋
Féng 冯 — Fāng 方	Zhōu 周 — Zhū 朱
Qián 钱 — Tián 田	Gāo 高 — Guō 郭
Lǐ 李 — Lǚ 吕	Wú 吴 — Hú 胡

3 　녹음을 듣고 정확한 독음을 고르시오.

1　A Xiǎo Lǐ　　　　　　　　B Xiǎo Liú

　　C Xiǎo Niú　　　　　　　D Xiǎo Yóu

2　A Lǎo Zhào　　　　　　　B Lǎo Zhōu

　　C Lǎo Zhāng　　　　　　D Lǎo Jiǎng

3　A Fāng xiānsheng　　　　B Fàn xiānsheng

　　C Pān xiānsheng　　　　D Féng xiānsheng

4　A Sòng xiǎojiě　　　　　B Sūn xiǎojiě

　　C Sū xiǎojiě　　　　　　D Suí xiǎojiě

5　A Wàn lǎoshī　　　　　　B Wáng lǎoshī

　　C Wāng lǎoshī　　　　　D Huáng lǎoshī

6 A Gāo dàifu
   C Guō dàifu
   B Luó dàifu
   D Hǎo dàifu

리스닝 실전

─────[본문 1]─────

1 녹음을 듣고 정확한 호칭을 고르시오.

1 A 王 (Wáng) 先生   B 黄 (Huáng) 先生
2 A 张 (Zhāng) 老师   B 赵 (Zhào) 老师
3 A 孙 (Sūn) 小姐   B 苏 (Sū) 小姐
4 A 刘 (Liú) 大夫   B 李 (Lǐ) 大夫
5 A 小吴 (Wú)   B 小胡 (Hú)

─────[본문 2]─────

1 녹음을 듣고 알맞은 답을 고르시오.

1 (1) A Zhōu Měiqīng   B Zhōu Méiqìng

   (2) A Fàn lǎoshī   B Pān lǎoshī

2 A Wáng xiǎojiě   B Dīng xiǎojiě

3 A Wú xiānsheng gěi Chén xiǎojiě
   B Chén xiǎojiě gěi Wú xiānsheng

4 A Zhào Tiānyī   B Zhǎo Tiānyì

10

1 주어진 단어를 사용하여 문장을 완성하시오.(한 단어는 한 번씩)

吗　　吧　　呢　　什么　　怎么

1　"电话"的 "电"是一声_____?

2　"Zhāng Wén" 的 "Zhāng"_____写?

3　我们老师姓王，你们老师_____?

4　花儿是王小姐的，不是王先生的，您错了_____?

5　张老师是_____老师?

2 단문을 듣고 녹음 내용과 일치하는지 판단하시오.

1　郝帅是男的。(　　)

2　郝帅的 "郝"是三声，"帅"是二声。(　　)

3　"郝帅"这个名字的意思是真漂亮。(　　)

还行 hái xíng 그런대로 괜찮다

太 tài 뮈 너무, (부정 부사가 앞에 와서) 별로, 그다지

有点儿 yǒudiǎnr 조금, 약간

哪儿啊 nǎr a 무슨!

好久不见 hǎo jiǔ bú jiàn 오랜만입니다, 오랫동안 만나지 못하다

工作 gōngzuò 몡동 일 ; 일하다

不过 búguò 졉 하지만, 그러나

不错 búcuò 톙 좋다, 괜찮다

有意思 yǒu yìsi 재미있다

马马虎虎 mǎmǎhūhū 그저 그렇다

人 rén 몡 사람

班 bān 몡 반

少 shǎo 톙 적다

常 cháng 뮈 늘, 자주

见面 jiànmiàn 동 만나다

问……好 wèn……hǎo ～의 안부를 묻다

주요표현 및 문법

1 那

앞 문장을 이어받는 접속사로, 그 다음에 올 결과에 대해 설명할 때 쓰인다.

① A: 我今天很忙。
　 B: 那我们明天见吧。
② A: 我明天和王英见面。
　 B: 那你问她好吧。
③ A: 我最近很忙，小张最近也很忙。
　 B: 那你们好久不见了吧？

2 ……好吗？

자신의 의견이나 제안을 말한 후 그에 대한 상대방의 의견을 구할 때, 문장 끝에 '好吗?'를 붙여서 표현한다.

① 今天我有点儿忙，明天好吗？
② 我明天给你打电话，好吗？
③ 我叫他老张，好吗？

3 对了

'对了'는 상대방의 주의를 환기시키는 역할을 한다. '对了'로 주의를 끈 후 자신이 하고 싶은 말을 한다.

① 对了，你常给小王打电话吗？
② 对了，那个老师姓什么？
③ 对了，你明天忙吗？

1 A 다음에 올 회화를 B에서 찾아 연결하고, 녹음을 따라 읽어 보시오.

A		B

1 Nǐ hǎo!   •　•   Bú yòng xiè!
你好!   不用谢!

2 Xièxie nǐ!   •　•   Wǒ hěn hǎo.
谢谢你!   我很好。

3 Duìbuqǐ!   •　•   Zàijiàn!
对不起!   再见!

4 Míngtiān jiàn!   •　•   Nǐ hǎo!
明天见!   你好!

5 Zuìjìn mángma?   •　•   Méi guānxi.
最近忙吗?   没关系。

6 Nǐ hǎo ma?   •　•   Hái xíng, bú tài máng.
你好吗?   还行，不太忙。

2 녹음을 듣고 빈칸을 채우시오.

1 周先生今天_______忙。

2 高小姐今天_______忙_______，我们明天见。

3 陈老师最近_______，_______忙。

4 吴大夫今天_______忙，明天_______忙。

5 小宋_______忙，老张_______忙。

3 녹음을 듣고 B의 대답이 긍정인지 부정인지 아니면 모르는지 체크하시오.

	肯定	否定	不知道		肯定	否定	不知道
1	☐	☐	☐	4	☐	☐	☐
2	☐	☐	☐	5	☐	☐	☐
3	☐	☐	☐	6	☐	☐	☐

———[본문1]———

1　녹음을 듣고 알맞은 답을 고르시오.

1　A　有点儿忙　　　　　B　不太忙
2　A　小郭　　　　　　　B　陈老师
3　A　宋小姐　　　　　　B　杨先生
4　(1)　A　不太好　　　　B　很好
　　(2)　A　不太忙　　　　B　很忙

———[본문2]———

1　녹음을 듣고 녹음 내용과 일치하는지 판단하시오.

1　张先生和小李好久不见了。(　　)　　3　小李很喜欢他的工作。(　　)
2　张先生身体很好。(　　)　　　　　　4　张文现在不太忙。(　　)

———[본문3]———

1　녹음을 듣고 다음 물음에 답하시오.

1　郝洁 (Hǎo Jié) 和李丽 (Lǐ Lì) 怎么打招呼？

　　→ ____

2　李丽常见到谢云 (Xiè Yún) 吗？

　　→ ____

2　녹음을 다시 듣고 녹음 내용과 일치하는지 판단하시오.

1　郝洁最近过得不错。(　　)　　3　李丽觉得她们班同学太多了。(　　)
2　郝洁很喜欢她们班。(　　)　　4　郝洁很想见谢云。(　　)

1 단문을 듣고 다음 문제를 완성하시오.

1 녹음을 듣고 녹음 내용과 일치하는지 판단하시오.

    (1) 小王是老师。(　　)

    (2) 小王常给小李打电话。(　　)

    (3) 小李很喜欢他的工作。(　　)

    (4) 小李、小王明天工作都不忙。(　　)

2 녹음을 다시 듣고 빈칸을 채우시오.

小王是＿＿＿＿，小李是＿＿＿＿，他们是＿＿＿＿，不过他们＿＿＿＿见面，他们常＿＿＿＿。小王工作很忙，小李工作也很忙，不过，他说他的工作很＿＿＿＿。＿＿＿＿他们都不太忙，他们明天＿＿＿＿。

数字和关系 02

Part 1

姓名 xìngmíng 명 성명, 이름
房间 fángjiān 명 방
号(码) hào(mǎ) 명 번호
大家 dàjiā 명 여러분
注意 zhùyì 동 주의하다
层 céng 양 층
在 zài 동 ~에 있다
去 qù 동 가다
知道 zhīdào 동 알다

告诉 gàosu 동 말하다, 알려주다
多少 duōshao 대 얼마, 몇
手机 shǒujī 명 휴대폰
楼 lóu 명 건물
护照 hùzhào 명 여권
学生证 xuéshēngzhèng 명 학생증

고유명사

学院路 Xuéyuàn Lù 쉬에위엔루[베이징의 거리 이름]

주요표현 및 문법

1 동사 + 一下儿

‘동사 + 一下儿’는 동작을 행하는 시간이 짧음을 나타내는데, 여기서 ‘一下儿’는 어기를 부드럽게 해 주는 역할을 한다.

① 你写一下儿名字。
② 我去一下儿高老师的房间。
③ 请大家注意一下儿。

2 동사 在

동사 ‘在’는 사람이나 사물이 있는 장소나 위치를 나타낸다. 뒤에 일반적으로 장소를 나타내는 단어가 오며, 대화하는 쌍방이 서로 알고 있는 장소일 경우 장소를 나타내는 목적어는 생략할 수 있다.

① 我今天在家。
② A: 喂，李大夫在吗？

B: 他不在。
③ 他现在不在房间。

1 녹음을 듣고 정확한 독음을 고르시오.

1 A sì	B xì	6 A jī B qī
2 A lín	B líng	7 A bā B pā
3 A shān	B sān	8 A jiǔ B qiǔ
4 A wǔ	B fǔ	9 A è B èr
5 A liù	B lòu	10 A shí B sí

2 다음 숫자를 순서에 맞게 배열하시오.

liù   sān   líng   jiǔ   èr   shí   yī   qī   sì   bā   wǔ

_____ yī _____ _____ _____ _____ _____ _____ _____ _____ _____

3 녹음을 듣고 녹음에 나오는 시내버스의 번호를 적어 보시오.

__________   __________   __________

__________   __________   __________

__________   __________   __________

4 자신의 전화번호를 옆 친구 혹은 전체 학생들에게 중국어로 말해 보시오.

——[본문1]——

1 가이드가 방을 배정하고 있다. 녹음을 듣고 빈칸에 방번호를 써 넣으시오.

姓名 (이름)	房间号 (방번호)
Tián Xiǎoxuě 田晓雪	____________
Féng Xiānsheng 冯先生	____________
Jiǎng xiǎojiě 蒋小姐	____________
Gāo lǎoshī 高老师	____________
Wáng Gāng 王刚	____________
Dǒng Píng 董平	____________

——[본문2]——

1 다음은 리밍이 집에 없을 때 리밍의 아빠가 적어 놓은 통화기록이다. 녹음을 듣고 전화 온 사람의 이름과 전화번호를 써 넣으시오.

	1	2	3	4
姓名				
电话号码				

1 다음은 쏭졔의 컴퓨터에 들어 있는 중요한 번호들이다. 녹음을 듣고 빈칸에 그 번호들을 써 넣으시오.

姓名：宋洁

住址：学院路＿＿＿＿号＿＿＿＿楼＿＿＿＿号

家里电话：＿＿＿＿＿＿＿＿＿＿　　手机：＿＿＿＿＿＿＿＿＿＿

护照：＿＿＿＿＿＿＿＿＿＿　　学生证：＿＿＿＿＿＿＿＿＿＿

2 위의 기록을 보고 다음 물음에 답하시오.

1 宋洁家在哪儿？

→ ＿＿＿＿＿＿＿＿＿＿＿＿＿＿＿＿＿＿＿＿＿＿＿

2 她家里的电话是多少？

→ ＿＿＿＿＿＿＿＿＿＿＿＿＿＿＿＿＿＿＿＿＿＿＿

3 她的手机号是多少？

→ ＿＿＿＿＿＿＿＿＿＿＿＿＿＿＿＿＿＿＿＿＿＿＿

4 她的护照号码是多少？

→ ＿＿＿＿＿＿＿＿＿＿＿＿＿＿＿＿＿＿＿＿＿＿＿

5 她的学生证号是多少？

→ ＿＿＿＿＿＿＿＿＿＿＿＿＿＿＿＿＿＿＿＿＿＿＿

3 옆 사람과 짝지어 서로 묻고 대답하시오.

A: 你的宿舍在哪儿？

B: 4 楼 209。

…… ……

同屋 tóngwū 명 룸메이트
同事 tóngshì 명 직장동료
英语 Yīngyǔ 명 영어
大名 dàmíng 명 정식이름
小名 xiǎomíng 명 애칭, 아명
发音 fāyīn 명 발음
位 wèi 양 분[사람 수를 세는 존칭 양사]
和……一样 hé……yíyàng ～과 같다

고유명사

日本 Rìběn 일본
韩国 Hánguó 한국
印尼 Yìnní 인도네시아
美国 Měiguó 미국
加拿大 Jiānádà 캐나다
澳大利亚 Àodàlìyà 호주
法国 Fǎguó 프랑스

주요표현 및 문법

1 我(们)/你(们)/他(们) + 的 + ……

이 형식에서 '的' 뒤에 오는 피수식어가 사람과 관련된 단어, 예를 들어 사람에 대한 호칭, 혹은 단체나 기관의 명칭일 경우, 구조조사 '的'는 대부분 생략한다.

① 这是我们班老师。
② 他不是我朋友，他是我同屋的朋友。
③ A: 他是你哥哥吗？
　 B: 不是，他是我们同学。

2 我有一个……，叫(姓 / 是)……

이 형식에서 뒷 문장은 앞 문장에 대해 구체적인 설명을 하는 역할을 한다.

① 我有一个中国朋友，叫李明。
② 我们班有一个同学，姓牛。
③ 我有一个同屋，是美国人。

1 녹음을 듣고 정확한 독음을 고르시오.

1 A lǎoshī   B lǎoxī
2 A xuéshēng   B xuésheng
3 A péngyou   B péngyòu
4 A dóngshì   B tóngshì
5 A tóngwū   B tóngwǔ
6 A tóngxié   B tóngxué

2 녹음을 듣고 이름과 국적을 서로 연결하시오.

1 一郎 (Yīláng)   •   • 中国
2 路易 (Lùyì)   •   • 日本
3 美英 (Měiyīng)   •   • 美国
4 史密斯 (Shǐmìsī)   •   • 韩国
5 布朗 (Bùlǎng)   •   • 法国
6 李丽 (Lǐ Lì)   •   • 加拿大

3 녹음을 듣고 알맞은 답을 고르시오.

1 A 老师   B 朋友
   C 同事   D 同屋

2 A 同学和老师   B 老师和朋友
   C 同学和同屋   D 同事和朋友

3 A 玛丽的朋友   B 玛丽的老师
   C 玛丽的同事   D 玛丽的同学

4 A 玛丽   B 玛丽的朋友
   C 玛丽的同屋   D 玛丽的同学

5 A 印尼人，姓黄   B 韩国人，姓梁
   C 印尼人，姓王   D 泰国人，姓杨

6　A　美国　　　　　　　　　B　澳大利亚
　　C　加拿大　　　　　　　　D　韩国

——[본문 1]——

1　녹음을 듣고 녹음 내용과 일치하는지 판단하시오.

1　玛丽的班有五个日本人。（　　）
2　玛丽的班没有韩国人。（　　）
3　玛丽的班有三个美国人。（　　）
4　玛丽的班有两个印尼人。（　　）
5　玛丽的班没有澳大利亚人。（　　）

——[본문 2]——

1　녹음을 듣고 다음 물음에 답하시오.

1　玛丽的同屋是哪国人？

　→ ______________________________

2　玛丽的同屋是她的同学吗？

　→ ______________________________

3　玛丽和同屋用什么语言 (yǔyán 언어) 说话？为什么？

　→ ______________________________

1 녹음을 듣고 알맞은 답을 고르시오.

1　A 日本人　　　　　　　B 印尼人
　　C 中国人　　　　　　　D 加拿大人

2　A 黄永福　　　　　　　B 小川一郎
　　C 史密斯　　　　　　　D 张老师

3　A 一个　　　　　　　　B 两个
　　C 三个　　　　　　　　D 四个

4　A 日本人　　　　　　　B 印尼人
　　C 美国人　　　　　　　D 加拿大人

5　A 黄永福的同学　　　　B 黄永福的朋友
　　C 黄永福的同屋　　　　D 黄永福的老师

─[본문 4]─

1 녹음을 듣고 녹음 내용과 일치하는지 판단하시오.

1　玛丽是美国人。（　　　）

2　李丽是中国人。（　　　）

3　李丽的姓和名字的发音一样。（　　　）

4　李丽 (Lǐ Lì) 是大名。（　　　）

5　丽丽 (Lìli) 是小名。（　　　）

1 단문을 듣고 빈칸을 채우시오.

你们好！我________玛丽，我________美国人。我是________。我________汉语。这位是我的________，这位是我的________，她是________人，她________山本，________山本美香。

2 위와 같이 자기 소개를 해 보시오.

→ ____________________

____

____

____

3 다음 물음에 답하시오.

1 你姓什么？

→ ____________________

2 你叫什么名字？

→ ____________________

3 你是哪国人？

→ ____________________

4 你的电话号码是多少？

→ ____________________

5　你有手机吗？你的手机号是多少？

　　→ ______________________________________

6　你的房间号是多少？

　　→ ______________________________________

7　你有同屋吗？

　　→ ______________________________________

8　你的同屋叫什么名字？他是哪国人？

　　→ ______________________________________

9　你有中国朋友吗？他叫什么名字？

　　→ ______________________________________

10　你们班有几位老师？他们姓什么？

　　→ ______________________________________

11　你们班有多少个学生？

　　→ ______________________________________

12　你有中文名字吗？

　　→ ______________________________________

13　你的名字拼音怎么写？是几声？

　　→ ______________________________________

时间和日期 **03**

Part 1

새로 나온 단어

刻 kè 양 15분

半 bàn 수 30분, 반

差 chà 동 부족하다, 모자라다

几 jǐ 대 몇

表 biǎo 명 시계

现在 xiànzài 명 현재, 지금

早上 zǎoshang 명 아침

上午 shàngwǔ 명 오전

中午 zhōngwǔ 명 점심

睡觉 shuìjiào 동 잠자다

每天 měitiān 명 매일

起床 qǐchuáng 동 일어나다, 기상하다

事 shì 명 일

一般 yìbān 형 일반적이다

上班 shàngbān 동 출근하다

고유명사

东京 Dōngjīng 도쿄

纽约 Niǔyuē 뉴욕

《侏罗纪公园》《Zhūluójì Gōngyuán》 쥬라기 공원

주요표현 및 문법

1 시간 표시법

중국어에서 14시, 22시 등의 표현은 잘 쓰지 않으며, 1~12의 숫자 앞에 早上, 上午, 中午, 下午, 晚上 등을 붙여 시간대를 구분해 준다. 따라서 오전 7시는 '早上七点', 저녁 7시는 '晚上七点'으로 표현하며, 마찬가지로 오전 10시는 '上午十点', 12시 반은 '中午十二点半', 오후 4시는 '下午四点'으로 표현한다.

① 我每天早上6点半起床。
② 我同屋晚上12点睡觉。
③ 我们上午8点上课。

2 ……동사……+ 呢

'……동사…… + 呢' 형식은 동작이 현재 진행되고 있음을 나타낸다.

① A: 王英在吗?

B: 在，她看电视呢。
② 上午 9 点我上课呢。
③ 现在他打电话呢。

3 ……吧

'吧'는 문장의 끝에 쓰여 명령, 권고, 재촉, 건의의 어기를 나타낸다. 강요하는 어기
를 나타내기도 있다.

① 我们下午去吧，晚上我有事儿。
② 起床吧，八点了。
③ A: 现在我很忙。
　 B: 那我给他打 (电话)吧。

 **몸풀기 테스트**

1 왼쪽과 오른쪽을 알맞게 연결하고, 녹음을 듣고 따라 읽어 보시오.

1　7:00　•　　•　八点半
2　9:45　•　　•　十一点一刻
3　1:50　•　　•　一点五十
4　11:15　•　　•　九点四十五
5　8:30　•　　•　四点零五分
6　4:05　•　　•　七点

2 다음 시간을 두 가지 방법으로 읽어 보시오.

10:15　　　　3:30　　　　6:45
1:56　　　　5:40　　　　7:26

3 녹음을 듣고 정확한 시간을 고르시오.

1　A 7:55　　　　　　　B 7:15
2　A 9:20　　　　　　　B 8:40

3　A 3:30　　　　　　　　B 3:28
4　A 中午 12:00　　　　　B 上午 12:00
5　A 早上 8:00　　　　　　B 晚上 8:00

──[본문 1]──

1　녹음을 듣고 다음 물음에 답하시오.

1　加拿大现在几点？

→ ____

2　北京现在几点？

→ ____

2　녹음을 다시 듣고 녹음 내용과 일치하는지 판단하시오.

1　小云给小阳打电话的时候，小阳在睡觉呢。（　　）
2　小云去加拿大，小阳知道。（　　）
3　加拿大和北京的时差(shíchā, 시차)是 10 个小时以上。（　　）
4　小云打电话的时候，北京是早上 6 点。（　　）

──[본문 2]──

1　녹음을 듣고 빈칸을 채우시오.

DVD 的名字：________________

哪国的：________________

几点看: ＿＿＿＿＿＿＿＿＿＿

在哪儿看: ＿＿＿＿＿＿＿＿＿

2 다음 물음에 알맞은 답을 오른쪽에서 찾아 선을 연결하시오.

1 这是什么?　　　　　　　　•　　•　《英雄》，中国的。

2 什么? 什么? 再说一遍。　•　　•　那晚上吧。

3 我也想看。　　　　　　　•　　•　DVD，《英雄》。

4 下午我有课　　　　　　　•　　•　好，那下午一起看吧。

────[본문 3]────

1 녹음을 듣고 녹음 내용과 일치하는지 판단하시오.

1 雨来太累了，不想起床。（　　）

2 雨来今天上午没有课。（　　）

3 雨来的课不是 8 点的。（　　）

4 妈妈以为(yǐwéi, 여기다)雨来今天没有课。（　　）

2 녹음을 다시 듣고 '了, 啦, 啊, 吗, 吧'를 넣어 회화를 완성하시오.

妈 妈: 雨来, 起床! 起床!

雨 来: 我太累＿＿＿＿。

妈 妈: 7 点＿＿＿＿。

雨 来: 几点?

妈 妈: 7 点。

雨 来: 什么事儿＿＿＿＿?

妈 妈: 上课＿＿＿＿, 你今天上午没有课＿＿＿＿?

雨 来: 有＿＿＿＿, 是 10 点的。

妈 妈: 不是 8 点的＿＿＿＿, 那你睡＿＿＿＿。

雨 来: 不＿＿＿＿, 我起床＿＿＿＿。

1　녹음을 듣고 녹음 속 문장을 따라 읽어 보시오.

2　녹음을 듣고 녹음 내용과 일치하는지 판단하시오.

　1　中国人上班、上学的时间一般都是早上8点。（　　）
　2　医院、商店都是8点开门。（　　）
　3　在公司工作的人中午1点上班，下午6点下班。（　　）
　4　中午12点到下午2点是学生的休息时间。（　　）

年 nián 몡 년

生日 shēngrì 몡 생일

来 lái 통 오다

下 xià 몡 다음, 나중

这 zhè 때 이, 이것

上 shàng 몡 (시간·순서에서) 지난(번), 먼저(번)

到 dào 통 도착하다

什么时候 shénme shíhou 언제

票 piào 몡 표

飞机 fēijī 몡 비행기

练 liàn 통 연습하다

歌 gē 몡 노래

出生 chūshēng 통 태어나다

属 shǔ 통 (십이지의) ~띠이다

觉得 juéde 통 ~라고 느끼다, 생각하다

고유명사

星期五餐厅 Xīngqīwǔ Cāntīng T.G.I.Friday's

猴年 Hóunián 원숭이의 해

虎年 Hǔnián 호랑이의 해

龙年 Lóngnián 용의 해

주요표현
및 문법

1 날짜 표시법

중국어는 한국어와 마찬가지로 연, 월, 일 순으로 날짜를 표시한다. 연도를 말할 때
에는 각 숫자를 따로따로 읽는다. 예를 들어 2005년 8월 26일은 'Èr líng líng wǔ
年 bā月 èr shí liù日'라고 읽는다.

① 我的生日是 1981 年 3 月 12 日。
② 他是 1963 年 7 月 26 号出生的。
③ 金先生 2003 年 1 月 15 号来的中国。

2 ……(是) + 시간 + 동사 + 的……

'……(是) + 시간 + 동사 + 的……' 형식은 과거의 어떤 시간에 이미 실현된 상황을
언급할 때 쓰인다.

① A: 你(是)什么时候到的北京？
   B: 上星期到的。
② A: 昨天你几点睡的觉？
   B: 我 11 点半睡的觉。
③ A: 你们哪天去的麦当劳？
   B: 昨天下午去的。

1 왼쪽과 오른쪽을 알맞게 연결하고, 녹음을 듣고 따라 읽어 보시오.

1 1990 – 11 – 28	•	• 九二年六月三十号 / 日
2 97 – 7 – 1	•	• 二〇〇〇年二月十七号 / 日
3 92 – 6 – 30	•	• 二〇〇四年一月三十号 / 日
4 2000 – 2 – 17	•	• 九七年七月一号 / 日
5 2004 – 1 – 30	•	• 一九九〇年十一月二十八号 / 日

2 다음 날짜를 중국어로 써 보시오.

1 1986 – 3 – 14 _______________________

2 94 – 9 – 10 _______________________

3 80 – 5 – 4 _______________________

4 2001 – 12 – 25 _______________________

3 다음과 같이 친구들의 생일을 중국어로 물어보고, 빈칸에 날짜를 적어 보시오.

A: 杨东，你的生日是几月几号？

B: 8月7号。你的生日是哪天？

A: 10月11号。

名字 (이름)	生日 (생일)
杨东	8月7号
_______________	_______________
_______________	_______________
_______________	_______________

4 녹음을 듣고 대화에 나오는 시간을 적어 보시오.

什么时候? (언제)   星期几? (무슨 요일)

1 ___________________   ___________________

2 ___________________   ___________________

3 ___________________   ___________________

4 ___________________   ___________________

5 ___________________   ___________________

6 ___________________   ___________________

─[본문1]─

1 녹음을 듣고 다음 물음에 답하시오.

1 黄平为什么打电话？

→ ___________________________________

2 他们三个人星期几见面？

→ ___________________________________

2 녹음을 다시 듣고 녹음 내용과 일치하는지 판단하시오.

1 高玲下星期天来北京。（　　）
2 这星期天是九号。（　　）
3 陈红很想见高玲。（　　）
4 他们星期五6点半见面。（　　）
5 他们在黄平的家里见面。（　　）

1 천홍과 천홍의 아빠가 대화를 나누고 있다. 녹음을 듣고 다음 물음에 답하시오.

1 陈红的爸爸哪天来？→ ________________________

2 飞机几点到？→ ________________________

2 녹음을 다시 듣고 알맞은 답을 고르시오.

1　A　这星期二　　　　　　B　这星期六
　　C　下星期二　　　　　　D　下星期六

2　A　只有星期六的票　　　　B　星期六陈红不太忙
　　C　飞机到的时间很好　　　D　星期二没有飞机

3　A　下星期五晚上　　　　　B　这星期五晚上
　　C　下星期六上午　　　　　D　下星期六下午

——[본문 3]——

1 녹음을 듣고 다음 물음에 답하시오.

1 刘聪为什么给陈红打电话？

→ ________________________

2 刘聪还要给谁打电话？

→ ________________________

2 녹음을 다시 듣고 녹음 내용과 일치하는지 판단하시오.

1 陈红不知道这星期三练歌。（　　）
2 下星期三刘聪有事儿。（　　）
3 下星期三下午陈红要和朋友见面。（　　）
4 陈红星期五去法国。（　　）
5 他们这星期四一起练歌。（　　）

1　주어진 단어를 사용하여 대화를 완성하시오.

几点　　几号　　星期几　　哪天　　什么时候

1　A: ＿＿＿＿＿＿见面？

　　B: 这星期五，九号晚上。

　　A: ＿＿＿＿＿＿？

　　B: 6点半，在星期五餐厅。

2　A: ＿＿＿＿＿＿有票？

　　B: 这星期的没有了，只有下星期的了。

　　A: 下＿＿＿＿＿＿的啊？

　　B: 有星期二的，也有星期六的。

3　A: 星期二是＿＿＿＿＿＿？

　　B: 28 号。

4　A: 飞机是＿＿＿＿＿＿的？

　　B: 上午 10 点 50 的，1 点 10 分到。

5　A: 这星期三？＿＿＿＿＿＿？

　　B: 就是 14 号。

2　단문을 듣고 녹음 내용과 일치하는지 판단하시오.

1　今年是猴年。（　　）
2　猴年、虎年、龙年出生的男孩子很多。（　　）
3　虎年出生的男孩子小名常常叫小虎。（　　）
4　猴年出生的孩子真的很聪明。（　　）

购物

04

물건 사기

Part 1

铅笔 qiānbǐ 명 연필

橡皮 xiàngpí 명 지우개

可乐 kělè 명 콜라

矿泉水 kuàngquánshuǐ 명 광천수

咖啡 kāfēi 명 커피

售货员 shòuhuòyuán 명 판매원

顾客 gùkè 명 손님, 고객

卖 mài 동 팔다

买 mǎi 동 사다

一共 yígòng 부 합쳐서, 총

找 zhǎo 동 거슬러 주다

收 shōu 동 받다

块 kuài 양 위안 [중국의 기본 화폐단위]

跟……一样 gēn……yíyàng ～과 같다

啤酒 píjiǔ 명 맥주

支 zhī 양 개, 자루 [길다란 물건을 세는 양사]

盒 hé 양 박스, 상자 [박스 포장의 물건을 세는 양사]

주요표현
및 문법

1 跟……一样

'跟……一样'은 두 개의 사물이 서로 같은 특징이나 속성을 갖고 있음을 나타낸다.

① 我的本子跟你的本子一样。
② 明天的天气跟今天一样。
③ 玛丽的汉语跟中国人说的一样。

2 来两瓶啤酒

'来……'는 물건을 사거나 음식을 주문할 때 많이 쓰는 표현이다. '～을 주세요'라
고 해석하면 된다.

① 来一瓶可乐。
② 来两杯咖啡。
③ 来两个包子。

1 다음 돈의 액수를 중국어로 써 보시오.

块 kuài　元 yuán　角 jiǎo　毛 máo　分 fēn

¥1.50: ____一块五____ 、 ____一块五毛____ 、 ____一元五角____

¥0.85: ____________ 、 ____________

¥9.99: ____________ 、 ____________

¥10.40: ____________ 、 ____________

¥105.88: ____________ 、 ____________

2 녹음을 듣고 알맞은 것끼리 연결하시오.

1　本子　•　　　•　0.60 元
　　铅笔　•　　　•　2.40 元
　　橡皮　•　　　•　4.40 元

2　可乐　•　　　•　1.80 元
　　矿泉水　•　　•　6.40 元
　　咖啡　•　　　•　11.50 元

3　大包子　•　　•　1.80 元
　　小包子　•　　•　0.50 元
　　面包　•　　　•　0.80 元

3 녹음을 듣고 판매원이 한 말에는 'S', 손님이 한 말에는 'G'를 써 넣으시오.

1 (　　)　　　　4 (　　)

2 (　　)　　　　5 (　　)

3 (　　)　　　　6 (　　)

4 녹음을 듣고 알맞은 답을 고르시오.

1   A 一瓶可乐、一瓶红茶   B 一瓶可乐、两瓶红茶
    C 两瓶红茶、两瓶可乐   D 两瓶可乐，一瓶红茶

2   A 24.5 元   B 25 元
    C 22.49 元   D 20.5 元

3   A 一个面包   B 一个面包，两个包子
    C 一个包子，两个面包   D 两个包子

——[본문1]——

1 녹음을 듣고 알맞은 답을 고르시오.

1   A 两个人   B 三个人
    C 四个人   D 五个人

2   A 啤酒、咖啡   B 可乐、啤酒
    C 可乐、咖啡、啤酒   D 啤酒

2 녹음을 다시 듣고 빈칸에 들어갈 말을 골라 그 번호를 써 넣으시오.

①咖啡   ②可乐   ③啤酒

1 玛丽喝________，方方跟玛丽一样，也喝________。

2 大卫想喝________，可是没有，他也喝________。

3 彼得喝________。

4 他们要了三杯________，一杯________。

1 녹음을 듣고 상품과 그 가격을 알맞게 연결하시오.

小本子 ·　　　　· 4.20 元

大本子 ·　　　　· 0.60 元

铅笔　 ·　　　　· 0.80 元

橡皮　 ·　　　　· 7.50 元

2 녹음을 다시 듣고 다음 표를 채우시오.

商品	几 （个）	一共多少钱
小本子	（个）	
大本子	（个）	
铅笔	（支）	
橡皮	（块）	

───[본문 3]───

1 녹음을 듣고 녹음 내용과 일치하는지 판단하시오.

1　她开始 (kāishǐ, 처음) 给售货员 50 块钱。（　　）

2　售货员找她 10 块 1。（　　）

3　她有 1 毛钱。（　　）

4　她买的东西一共 10 块 1。（　　）

2 녹음을 다시 듣고 빈칸에 들어갈 말을 골라 그 번호를 써 넣으시오.

> ① 1 毛钱　　② 2 毛钱　　③ 10 块 1　　④ 40 块 1　　⑤ 50 块

他买的东西一共＿＿＿＿。他给售货员＿＿＿＿。售货员问他有＿＿＿＿吗。

他说没有，他给售货员＿＿＿＿，售货员找他＿＿＿＿。

1 빈칸에 알맞은 양사를 써 넣으시오.

三________铅笔   两________本子   一________橡皮

两________咖啡   四________啤酒   三________牛奶

2 녹음을 듣고 다음 문제를 완성하시오.

1 녹음을 듣고 다음 표를 채우시오.

	面包(个)	可乐(瓶)	牛奶(盒)	一共多少钱
毛毛 Máomao				
方方 Fāngfang				
丽丽 Lìli				

2 다음 물음에 답하시오.

面包多少钱一个？牛奶多少钱一盒？可乐多少钱一瓶？

→ ____

 새로 나온 단어

千 qiān ㉜ 천

万 wàn ㉜ 만

挑 tiāo ⑧ 선택하다

试 shì ⑧ 시험삼아 ~해 보다

加 jiā ⑧ 더하다

点 diǎn ⑧ (음식을) 주문하다

汉堡 hànbǎo ⑨ 햄버거

薯条 shǔtiáo ⑨ 감자튀김

电影 diànyǐng ⑨ 영화

流行歌曲 liúxíng gēqǔ 유행가

京剧 jīngjù ⑨ 경극

斤 jīn ⑱ 근[무게를 세는 단위]

小贩 xiǎofàn ⑨ 소상인

笑 xiào ⑧ 웃다

주요표현 및 문법

1 형용사＋一点儿，可以吗？

'형용사＋一点儿, 可以吗?'는 어떤 일에 대해 요청이나 부탁을 할 때 쓰는 표현으로, 종종 '一'를 생략하기도 한다.

① 便宜一点儿，可以吗？
② 大声一点儿，可以吗？
③ 说慢点儿，可以吗？

2 请你帮我⋯⋯

다른 사람에게 도움을 요청할 때 쓰는 표현으로, '你帮我⋯⋯, 可以吗?'라고 할 수도 있다.

① 请你帮我挑挑。
② 你帮我买瓶矿泉水，可以吗？
③ 请你帮我翻译 (fānyì, 통역하다)。

1 녹음을 듣고 녹음에 나오는 숫자를 써 넣으시오.

1 ___________ 4 ___________

2 ___________ 5 ___________

3 ___________ 6 ___________

2 녹음을 듣고 정확한 숫자를 고르시오.

1 A 1,202 B 1,200 C 1,220 D 1,222
2 A 4,114 B 4,014 C 4,104 D 4,004
3 A 41,004 B 4,004 C 41,104 D 4,114
4 A 2,424 B 2,214 C 2,442 D 2,244

3 녹음을 듣고 판매원이 한 말에는 'S', 손님이 한 말에는 'G'를 써 넣으시오.

1 (　　)
2 (　　)
3 (　　)
4 (　　)
5 (　　)

4 녹음을 듣고 알맞은 답을 고르시오.

1 A 大西瓜1块4一个 B 小西瓜1块2一个
　 C 大西瓜1块4一斤 D 大西瓜和小西瓜一样

2 A 140块 B 40块 C 70块 D 240块

3 A 10块 B 11块 C 不知道 D 12块

4 A 可乐 B 汉堡 C 薯条 D 咖啡

——[본문 1]——

1 녹음을 듣고 녹음 내용과 일치하는지 판단하시오.

1 苹果现在5块钱一斤。（　　）

2 苹果上星期5块钱三斤。（　　）

3 上星期苹果便宜，今天苹果贵。（　　）

4 顾客买的香蕉2块5一斤。（　　）

5 顾客买了一斤香蕉。（　　）

2 녹음을 다시 듣고 빈칸을 채우시오.

A: 小姐，您买什么？

B: 苹果多少钱一斤？

A: 5块钱__________。来点儿吧。

B: 不要，上星期还5块钱__________呢。香蕉多少钱一斤？

A: __________。

B: 便宜一点儿吧。__________，行不行？

A: 给你__________。

B: 来两斤吧。

——[본문 2]——

1 녹음을 듣고 알맞은 것끼리 연결하시오.

汉堡　•　　•　4块5

薯条　•　　•　3块5

咖啡　•　　•　9块5

2 녹음을 다시 듣고 다음 물음에 답하시오.

1 顾客买了什么？

→ _______________________________________

2 顾客给售货员多少钱？

→ _______________________________________

3 售货员找顾客多少钱？

→ _______________________________________

———[본문 3]———

1 메리와 팡팡은 DVD를 사고 있다. 녹음을 듣고 다음 물음에 답하시오.

1 玛丽买了什么？

→ _______________________________________

2 买了几张，一共多少钱？

→ _______________________________________

2 녹음을 다시 듣고 녹음 내용과 일치하는지 판단하시오.

1 DVD 25 块钱一张。（　　）
2 玛丽不想买电影的 DVD。（　　）
3 玛丽请方方帮她挑 DVD。（　　）
4 玛丽想买流行歌曲的 DVD。（　　）
5 玛丽买了两张流行歌曲的 DVD。（　　）

1 다음 단어들을 아래 박스에 분류하시오. 가능하다면 다른 단어들도 채워 보시오.

香蕉　可乐　汉堡　薯条　苹果　红茶　咖啡　西瓜

水果 (과일)	饮料 (음료)	快餐 (패스트푸드)

2 단문을 듣고 다음 문제를 완성하시오.

1 녹음을 듣고 녹음 내용과 일치하는지 판단하시오.

(1) 昨天我买了三斤苹果。(　　)

(2) 苹果5块钱两斤。(　　)

(3) 我买的苹果2块钱一斤。(　　)

2 녹음을 다시 듣고 빈칸을 채우시오.

昨天，我去买苹果。我问小贩，苹果多少钱一斤。小贩说5块钱________。我说________一斤可以吗？小贩笑了，他说可以。我也笑了。小贩说给我________一斤，我买了三斤。

3 소상인은 왜 웃었나? 나는 왜 웃었나?

→ _______________________________________

____

交通

05

Part 1

새로 나온 단어 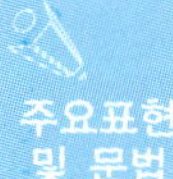

分钟 fēnzhōng 양 분	堵车 dǔ chē 차가 막히다
小时 xiǎoshí 양 시	骑 qí 동 (자전거, 말 등을) 타다
走路 zǒu lù 걷다, 길을 가다	问 wèn 동 묻다
开车 kāi chē 차를 운전하다	快 kuài 형 빠르다
打的 dǎ dī 택시를 타다	火车 huǒchē 명 기차
公共汽车 gōnggòng qìchē 명 버스	动物园 dòngwùyuán 명 동물원
出租车 chūzūchē 명 택시	机场 jīchǎng 명 공항

주요표현 및 문법

1 개사 离

시간이나 장소를 이끌어 내는 개사로, 시간적·공간적 거리를 나타낼 때 쓰인다.

① 现在是11点50分，离下课还有10分钟。
② 宿舍离教室很近，走路10分钟。

2 我走路去

연동문으로, 앞 동사 '走'는 뒤 동사 '去'가 이루어지는 방식을 나타낸다.

① 我骑自行车去学校。
② 我爸爸明天坐飞机去香港。

3 半

2분의 1을 뜻한다. 보통 '半+양사+명사' '수사+양사+半+명사' 형식으로 쓰인다.

① 我们上半天课，上午有课，下午没有课。
② 我来中国已经一个半月了。

1 녹음을 듣고 빈칸에 들어갈 말을 골라 그 번호를 써 넣으시오.

①自行车　②汽车　③走路　④公共汽车　⑤出租车　⑥火车

1 这辆＿＿＿多少钱?

2 ＿＿＿上有很多人。

3 那不是＿＿＿。

4 这是李老师的＿＿＿吗?

5 我每天＿＿＿去教室。

6 坐＿＿＿要13个小时。

2 녹음을 듣고 녹음 내용이 옳은지 판단하시오.

1 (   )
2 (   )
3 (   )
4 (   )
5 (   )
6 (   )

3 녹음을 듣고 알맞은 답을 고르시오.

1 A 大卫想走路去　　　　　B 大卫觉得走路去很远
　　C 走路要一刻钟　　　　　D 玛丽想坐出租车去

2 A 骑自行车　　　　　　　B 坐汽车
　　C 坐公共汽车　　　　　　D 开车

3 A 1 个小时　　　　　　　B 90 分钟
　　C 半个小时　　　　　　　D 1 时间半

———[본문 1]———

1 녹음을 듣고 녹음 내용과 일치하는지 판단하시오.

1 经理去机场。(　　)

2 路上车很少。(　　)

3 现在是 10 点半。(　　)

4 飞机 10 点 55 到北京。(　　)

5 飞机到了。(　　)

2 녹음을 다시 듣고 빈칸을 채우시오.

A: 经理，飞机几点到北京？

B: ________。

A: 现在几点了？

B: ________。

A: 前边堵车了。

　　……

A: 经理，机场到了。

B: 飞机到了吗？

A: 还没呢。

———[본문 2]———

1 녹음을 듣고 알맞은 답을 고르시오.

1　A 40 多分　　　B 40 分钟　　　C 40 分钟多　　　D 40 多分钟

2　A 很累　　　　B 很贵　　　　C 人太多　　　　D 很好

3　A 去　　　　　B 不去　　　　C 不知道

4　A 骑自行车　　B 坐公共汽车　C 坐出租车　　　D 走路

2 녹음을 다시 듣고 다음 물음에 답하시오.

1 儿子为什么不骑自行车去学校？

　　→ ____

2 儿子为什么不坐公共汽车去学校？

　　→ ____

3 妈妈给儿子钱了吗？ 为什么？

　　→ ____

——[본문 3]——

1 녹음을 듣고 녹음 내용과 일치하는지 판단하시오.

1 星期天上午，他们去动物园。（　　）
2 玛丽骑自行车去。（　　）
3 印尼同学坐出租车去。（　　）
4 从学校骑自行车到动物园要半个多时间。（　　）
5 方方的汉语非常好。（　　）
6 玛丽、方方和大卫都坐公共汽车去。（　　）
7 他们10点在动物园门口见面。（　　）
8 玛丽、方方和大卫明天10点在学校门口见面。（　　）

2 녹음을 다시 듣고 빈칸에 들어갈 말을 각각 고르시오.

1 后天是_____，他们要去动物园。（①星期六 ②星期天 ）

2 玛丽_____去。（①骑自行车 ②坐公共汽车 ③坐出租车 ）

3 印尼学生_____去。（①骑自行车 ②坐公共汽车 ③坐出租车 ）

4 方方想骑自行车去，可是她不认识_____，也听不懂_____。（①汉语 ②动物园 ③路 ）

5 后天早上_____，玛丽、大卫和方方在_____见面。（①9点 ②10点 ③动物园门口 ④学校门口 ）

1   알맞은 동사를 골라 빈칸을 채우시오.

坐　骑　听　开　打　走　认识

1　我每天＿＿＿＿自行车去学校。

2　爸爸每天＿＿＿＿车去上班。

3　他们星期天＿＿＿＿的(dī)去动物园。

4　他＿＿＿＿不懂汉语。

5　她不＿＿＿＿路。

6　我不喜欢＿＿＿＿公共汽车。

7　＿＿＿＿路去要半个小时。

2   단문을 듣고 다음 문제를 완성하시오.

1　녹음을 듣고 녹음 내용과 일치하는지 판단하시오.

(1)　我的自行车120块。(　　)

(2)　我骑自行车到学校要15分钟。(　　)

(3)　上星期日我去北京大学了。(　　)

(4)　下星期日，我要去颐和园。(　　)

(5)　坐汽车到长城要4个小时。(　　)

2　녹음을 다시 듣고 빈칸을 채우시오.

我上个月买了一辆自行车，很便宜，＿＿＿＿＿＿＿＿。现在，我每天＿＿＿＿＿＿＿去学校上课，从我的家到学校要＿＿＿＿＿＿＿。周末，我常常和中国学生一起＿＿＿＿＿＿＿出去玩儿。＿＿＿＿＿＿＿，我们去了北京大学。这个＿＿＿＿＿＿＿，我们要去颐和园。我们还想骑自行车去长城，从学校骑车到长城要＿＿＿＿＿＿＿。

Part 2

换 huàn 통 바꾸다, 교환하다

订 dìng 통 예약하다

正门 zhèngmén 명 정문

站 zhàn 명양 정거장 ; 정류장을 세는 양사

路 lù 명양 길 ; 번[버스의 노선번호를 나타내는 양사]

票 piào 명 표

地铁 dìtiě 명 지하철

挤 jǐ 통형 비집다, 밀치다 ; 붐비다, 빽빽하다

先 xiān 부 먼저

然后 ránhòu 접 그리고 나서

乘客 chéngkè 명 승객

售票员 shòupiàoyuán 명 매표원

司机 sījī 명 운전기사

주요표현 및 문법

1 怎么+동사

'怎么+동사'는 방식을 묻는 표현이다. '怎么去?'는 교통수단을 물을 때, '怎么走'는 가는 길을 물을 때 쓰인다.

① 用汉语怎么说?
② 这个菜怎么做?
③ 这个字怎么读?

2 哪＋(一)＋양사

'哪+(一)+양사'는 의문문에 쓰여서, 동류의 사물 중 어느 하나를 확실히 지정할 것을 요구하는 의미를 나타낸다.

① 您要哪种电话卡?
② 您在哪一站下车?
③ 您要订哪天的火车票?

3 동사＋完

'完'은 결과보어로 쓰여, 앞의 동사가 의미하는 행위가 이미 완료됐음을 나타낸다.

① 火车票都卖完了。
② 晚饭吃完了吗?
③ 作业都做完了。

1 녹음을 듣고 알맞은 것끼리 연결하시오.

从……到……		坐……	多少钱

北京—天津 (Tiānjīn)　·　　　·　飞机　·　　　·　￥1800.00

北京—上海 (Shànghǎi)　·　　　·　火车　·　　　·　￥500.00

北京—香港 (Xiānggǎng)　·　　　·　汽车　·　　　·　￥30.00

2 녹음을 듣고 매표원이나 운전기사가 한 말에는 'S', 승객이 한 말에는 'C'를 써 넣으시오.

1　(　　)
2　(　　)
3　(　　)
4　(　　)
5　(　　)
6　(　　)
7　(　　)

3 녹음을 듣고 알맞은 답을 고르시오.

1　A 7站　　　　　B 4站　　　　　C 10站

2　A 一次　　　　　B 两次　　　　　C 三次

3　A 5月1号的火车票没有了　　　　B 她没买火车票
　　C 他买了两张火车票　　　　　　D 她买了5月2号的火车票

4　A 4小时　　　B 8时间　　　C 8小时　　　D 6小时

—[본문1]—

1 녹음을 듣고 녹음 내용과 일치하는지 판단하시오.

1 他们坐的是公共汽车。(   )
2 男的不去北京大学。(   )
3 他们在语言大学的正门下车。(   )
4 男的先下车，女的后下车。(   )

2 녹음을 다시 듣고 빈칸을 채우시오.

司 机: 您________去哪儿？

 女 : 我去北京大学，他去语言大学。

司 机: 我们先去哪儿？

 女 : 先去________吧。

司 机: 语言大学的哪个门下车？

 男 : ________。

—[본문2]—

1 녹음을 듣고 알맞은 답은 고르시오.

1 A 地铁　　　　　　B 公共汽车　　　C 出租车
2 A 朝阳门 (Cháoyáng Mén)　B 前门 (Qiánmén)　C 王府井 (Wángfǔjǐng)
3 A 30 多分　　　　　B 半个多小时　　C 半个多时间

2　녹음을 다시 듣고 다음 물음에 답하시오.

　　1　地铁现在到了哪一站？

　　　　→ ____

　　2　从朝阳门到前门有几站？

　　　　→ ____

——[본문 3]——

1　녹음을 듣고 녹음 내용과 일치하는지 판단하시오.

　　1　乘客想订去上海的飞机票。（　　）
　　2　9 月 30 日的火车票都卖完了。（　　）
　　3　坐火车要 10 个小时。（　　）
　　4　乘客订了一张 10 月 2 号的火车票。（　　）
　　5　火车票 490 块。（　　）
　　6　火车晚上出发，第二天早上到北京。（　　）

2　녹음을 다시 듣고 빈칸을 채우시오.

　　1　乘客想买________月________号的火车票，可是卖完了。

　　2　乘客买了________张________月________号的火车票。

　　3　从北京到上海坐火车要________个小时。

　　4　火车票________块一张。

　　5　火车 10 月 1 号晚上________开车，10 月 2 号早上________到上海。

1 다음 예문을 보고 예문과 비슷한 문장을 만들어 보시오.

예문1: 从 学校 到 王府井 打的 要 30 块钱。

  → ______________________________

예문2: 从 北京 到 东京 坐飞机 要 3 个小时。

  → ______________________________

2 단문을 듣고 다음 문제를 완성하시오.

1 녹음을 듣고 녹음 내용과 일치하는지 판단하시오.

(1) 上星期天，我和朋友一起去王府井了。（　　）
(2) 在北京我常常打的。（　　）
(3) 375 路公共汽车上人很多。（　　）
(4) 地铁里人很多。（　　）
(5) 我们先坐地铁，然后换 375 路公共汽车。（　　）
(6) 从学校到王府井用了一个多小时。（　　）

2 녹음을 다시 듣고 빈칸을 채우시오.

上星期六，我跟我的＿＿＿＿一起去王府井了。来北京以后，我常常坐出租车。这是我第＿＿＿＿次坐公共汽车。早上＿＿＿＿点，我们从学校出发了。我们先坐375路，车上人不太多。下了车，我们换地铁。地铁里人非常多，很挤。＿＿＿＿，我们到了王府井。

饮食 06

음식과 음료

Part 1

主食 zhǔshí 몡 주식

饮料 yǐnliào 몡 음료

鸡肉 jīròu 몡 닭고기

鸡蛋 jīdàn 몡 계란

青菜 qīngcài 몡 녹색채소

菠菜 bōcài 몡 시금치

青椒 qīngjiāo 몡 피망

结账 jié zhàng 계산하다

碗 wǎn 몡 그릇

炒 chǎo 동 볶다

比萨(饼) bǐsà(bǐng) 몡 피자

沙拉 shālā 몡 샐러드

汤 tāng 몡 탕, 국

年纪 niánjì 몡 나이

粥 zhōu 몡 죽

고유명사

雪碧 Xuěbì 스프라이트

宫保鸡丁 Gōngbǎo jīdīng 닭고기 땅콩 볶음

鱼香肉丝 Yúxiāng ròusī 어향 돼지고기 볶음

菠菜炒鸡蛋 Bōcài chǎo jīdàn 시금치 계란 볶음

西芹百合 Xīqín bǎihé 샐러리 백합줄기 볶음

意大利面(条) Yìdàlì miàn(tiáo) 스파게티

意大利菜汤 Yìdàlì càitāng 이탈리안 야채스프

麦当劳 Màidāngláo 맥도날드

肯德基 Kěndéjī KFC

1 A 还是 B

'还是'를 사용하여 두 가지 항목을 나열하면, 둘 중 어느것을 선택할 지 묻는 선택 의문문이 된다.

① 你要雪碧还是可乐？

② 宫保鸡丁好吃还是鱼香肉丝好吃？

③ 比萨来大的还是来小的？

몸풀기 테스트

1　주어진 단어를 종류대로 분류하고, 녹음을 들으면서 맞춰 보시오.

| 菠菜　米饭　猪肉　绿茶　鸡肉　雪碧　饺子　青椒 |

饮料 (음료)　　　肉 (육류)　　　青菜 (야채)　　　主食 (주식)

______________　______________　______________　______________

______________　______________　______________　______________

2　녹음을 듣고 종업원이 한 말에는 'F', 손님이 한 말에는 'G'를 써 넣으시오.

1 (　　)　　　5 (　　)
2 (　　)　　　6 (　　)
3 (　　)　　　7 (　　)
4 (　　)　　　8 (　　)

3 녹음을 듣고 손님이 주문한 음식을 고르시오.

1　A 中可乐、鸡肉汉堡　　　　B 小可乐、鸡肉汉堡
2　A 汉堡、红茶、薯条　　　　B 汉堡、红茶
3　A 两碗米饭、一碗饺子　　　B 一碗米饭、一碗饺子
4　A 鱼香肉丝　　　　　　　　B 青椒
5　A 菠菜、鸡蛋　　　　　　　B 菠菜炒鸡蛋
6　A 意大利面、比萨　　　　　B 意大利面、比萨、沙拉

——[본문1]——

1 녹음을 듣고 다음 메뉴에서 손님이 주문한 음식에 체크하시오.

菜单(메뉴)

家常菜(가정식 요리)		主食(주식)		饮料(음료)	
☐ 宫保鸡丁	18元	☐ 炒饭	5元	☐ 可乐	8元
☐ 鱼香肉丝	12元	☐ 饺子	10元	☐ 雪碧	8元
☐ 菠菜炒鸡蛋	6元	☐ 面条	6元	☐ 绿茶	15元
☐ 西芹百合	20元	☐ 米饭	2元	☐ 果汁	25元

2 녹음을 다시 듣고 주문한 순서대로 번호를 써 넣으시오.

（　） 宫保鸡丁

（　） 小可乐

（　） 炒饭

（　） 菠菜炒鸡蛋

（ 1 ） 绿茶

（　） 米饭

1　샤오윈과 샤오양이 대화를 하고 있다. 녹음을 듣고 다음 물음에 답하시오.

　　1　小云喜欢吃麦当劳还是吃肯德基？

　　　→ ____

　　2　小阳喜欢吃什么？

　　　→ ____

2　녹음을 다시 듣고 다음 물음에 알맞은 답을 고르시오.

　小阳喜欢吃肯德基的真正原因是什么？

　　A　小云喜欢，他也喜欢。
　　B　肯德基有鸡肉汉堡。
　　C　他喜欢吃快餐。
　　D　肯德基有中式快餐。

——[본문 3]——

1　티엔위엔과 리밍이 피자헛에서 식사를 하고 있다. 이들이 주문한 음식에 모두 체크하시오.

　　☐ 比萨 (피자)　　　　　☐ 汤 (스프)
　　☐ 意大利面 (스파게티)　☐ 甜食 (디저트)
　　☐ 沙拉 (샐러드)　　　　☐ 饮料 (음료)

2　녹음을 다시 듣고 빈칸을 채우시오.

　　　　　为什么点 / 没点？

　小比萨　　　________________________

　意大利面　________________________

　沙拉　　　________________________

　意大利菜汤　________________________

　雪碧　　　________________________

1 각 어휘군 중 속성이 다른 하나를 찾아내고, 이 어휘군을 아우르는 이름을 지으시오.

________	雪碧	可乐	果汁	苹果
________	汉堡包	薯条	馒头	三明治
________	饺子	米饭	面条	包子

2 녹음을 듣고 녹음 내용과 일치하는지 판단하시오.

1 年纪大的人不太喜欢喝咖啡。(　　)
2 年纪大的人早饭吃粥、包子、馒头和面条。(　　)
3 年轻人和年纪大的人只有午饭吃米饭。(　　)
4 年纪大的人喜欢中餐，吃快餐的人很少。(　　)

苦 kǔ 형 쓰다

咸 xián 형 짜다

淡 dàn 형 싱겁다

烫 tàng 형 뜨겁다

清淡 qīngdàn 형 담백하다, (맛이) 깔끔하다

腻 nì 형 느끼하다

醋 cù 명 식초

勺子 sháozi 명 숟가락

叉子 chāzi 명 포크

刀子 dāozi 명 칼

盘子 pánzi 명 접시

餐巾纸 cānjīnzhǐ 명 냅킨

掉 diào 통 떨어뜨리다

加 jiā 통 더 넣다

热 rè 통 데우다

味道 wèidao 명 맛

고유명사

麻婆豆腐 Mápó dòufu 마파두부

杭州 Hángzhōu 항저우[중국 저장(浙江)성의 성도]

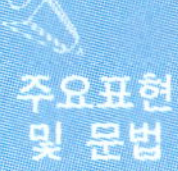

주요표현
및 문법

1 有点儿＋동사/형용사

'有点儿+동사/형용사'는 정도가 그리 높지 않음을 나타내는데, 주로 불만족스럽거나 원치 않는 일을 표현하는 데 쓰인다.

① 茶有点儿烫，我一会儿再喝。
② 这个碗有点儿不干净，换一个好吗？
③ A: 再吃一点儿吧。
　　B: 我已经有点儿饱了。

2 동사/형용사＋一点儿

'동사/형용사＋一点儿'은 정도나 수량이 약간 증가하거나 감소함을 나타낸다.

① 小姐，昨天的菜有点儿咸，今天的淡一点儿好吗？
② 要一瓶可乐，凉一点儿的。
③ 两个菜有点儿少，再多点一点儿。

3 怎么这么＋동사/형용사

'怎么这么+동사/형용사'는 원인을 묻는 표현으로, 감탄의 어기를 띤다.

① 哟，这个菜怎么这么咸！
② 你怎么点了这么多东西？
③ 你怎么这么喜欢辣的？

1 왼쪽과 오른쪽의 반의어를 서로 연결하시오.

咸　　•　　　　•　凉
甜　　•　　　　•　淡
烫　　•　　　　•　腻
清淡　•　　　　•　苦

2 녹음을 듣고 알맞은 답을 고르시오.

1 A 西餐　　　　　　　B 中餐
2 A 喝汤　　　　　　　B 吃饭
3 A 要刀叉　　　　　　B 找人
4 A 盘子太小　　　　　B 盘子太大
5 A 意大利面条　　　　B 中国面条
6 A 茶　　　　　　　　B 杯子

3 녹음을 듣고 종업원이 한 말에는 'F', 손님이 한 말에는 'G'를 써 넣으시오.

1 (　　)
2 (　　)
3 (　　)
4 (　　)
5 (　　)
6 (　　)
7 (　　)
8 (　　)

———[본문1]———

1   리밍과 티엔위엔이 식당에서 식사를 하고 있다. 이들이 종업원에게 부탁한 것들을 모두 체크하시오.

- ☐ 要餐巾纸
- ☐ 再要一双筷子
- ☐ 要一个杯子
- ☐ 换一个盘子
- ☐ 加水
- ☐ 热汤
- ☐ 要一个盘子

2   녹음을 다시 듣고 녹음 내용과 일치하는지 판단하시오.

1   桌子上少一个盘子。(　　)

2   桌子上没有餐巾纸。(　　)

3   李明的筷子有点儿不干净。(　　)

4   水凉了，他们请服务员加点儿热水。(　　)

5   他们坐在 5 号桌。(　　)

———[본문2]———

1   양똥과 까오링이 식당에서 식사를 하고 있다. 이들이 종업원에게 어떤 부탁을 했는지 고르시오.

1   A　多放辣椒　　　　　　B　少放辣椒
2   A　菜里放点儿醋　　　　B　要一点儿醋
3   A　菜淡一点儿　　　　　B　菜咸一点儿

2 녹음을 다시 듣고 다음 물음에 답하시오.

1 他们一共点了几个菜？

→ ____

2 这个饭馆的鱼香肉丝辣吗？

→ ____

3 他们都不喜欢辣的吗？

→ ____

4 高玲想要主食吗？杨东呢？

→ ____

———[본문 3]———

1 린꽝과 티엔샤오쉬에가 식당에서 식사를 하고 있다. 녹음을 듣고 다음 물음에 답하시오.

1 林光和田晓雪点了什么菜？

→ ____

2 他们要了什么主食？

→ ____

3 他们向服务员提出了几个请求？

→ ____

2 녹음을 다시 듣고 빈칸을 채우시오.

	什么请求	原因	同意 / 没同意
1	__________	__________	☐　　☐
2	__________	__________	☐　　☐

1 다음 식기들에 알맞은 양사를 써 넣으시오.

1 一______碗

2 一______盘子

3 一______杯子

4 一______筷子

5 一______勺子

6 一______刀子

7 一______叉子

8 一______餐巾纸

2 단문을 듣고 녹음 내용과 일치하는지 판단하시오.

1 南方人喜欢绿茶，北方人喜欢花茶。（　　）

2 龙井茶是绿茶。（　　）

3 龙井是一个地方。（　　）

4 北京人喝菊花茶的历史很长。（　　）

5 瓶装 (píngzhuāng, 병 포장) 的茶也很好喝。（　　）

爱好和学习 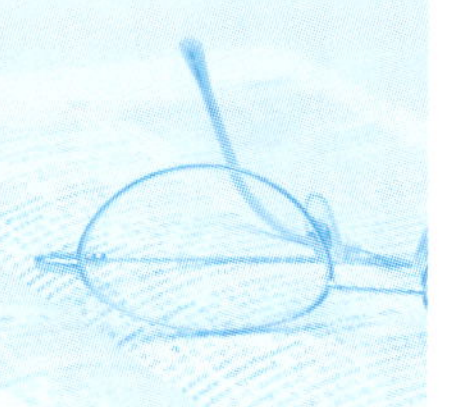

Part 1

새로 나온 단어

篮球 lánqiú 명 농구

足球 zúqiú 명 축구

聊天儿 liáotiānr 잡담하다

摄影 shèyǐng 명동 사진 ; (사진을) 찍다

电脑 diànnǎo 명 컴퓨터

照片 zhàopiàn 명 사진

照相机 zhàoxiàngjī 명 카메라

爱好 àihào 명동 취미 ; ~하는 것을 즐기다

迷 mí 동접미 심취하다 ; ~애호가

比赛 bǐsài 명 경기

旅行 lǚxíng 동 여행하다

参加 cānjiā 동 참가하다

会 huì 조동 ~할 수 있다

卡拉OK kǎlā'ōukèi 명 노래방

首 shǒu 양 곡 [노래, 음악 등을 세는 양사]

주요표현 및 문법

1 会

조동사로, 동사 앞에 쓰여 어떤 일을 어떻게 처리할지를 알거나 그 일을 할 수 있는 능력을 가지고 있음을 나타낸다. 부정형은 '不会'이며, 앞에 '很' '最' 등의 부사의 수식을 받을 수 있다.

① 我不太会说汉语。
② 我妈妈很会做菜。
③ 你会唱中国歌吗?

2 迷

명사 뒤에 접미사로 쓰여, 어떤 취미를 가진 사람을 가리킨다. 동사로 쓰이면 매우 좋아함을 나타낸다.

① 我哥哥是个足球迷。
② 我妈每天看电视，她是个电视迷。
③ 他最近迷上电脑了。

3 用+명사+동사

'用+명사+동사'는 연동문 구조로, '用+명사'는 뒷 동작이 사용하는 도구, 방식, 수단을 나타낸다.

① 我和同屋用汉语聊天儿。
② 很多人用电脑工作。

몸풀기 테스트

1 녹음을 듣고 빈칸에 들어갈 말을 골라 그 번호를 써 넣으시오.

①打篮球　②看足球比赛　③摄影　④旅行　⑤唱卡拉OK

1 我常跟中国学生一起_______。

2 晚上，我们一起去_______吧。

3 我爸爸的爱好是_______。

4 我哥哥喜欢_______。

5 周末，我常常去_______。

2 녹음을 듣고 녹음 내용이 옳은지 판단하시오.

1 (　　)　　　　　4 (　　)

2 (　　)　　　　　5 (　　)

3 (　　)　　　　　6 (　　)

3 녹음을 듣고 알맞은 답을 고르시오.

1 A 买东西　　　B 看电视　　　C 学汉语

2 A 很会唱　　　B 唱得很好　　　C 会一点儿

3 A 好吃　　　　B 不好吃　　　　C 不知道

——[본문 1]——

1　녹음을 듣고 녹음 내용과 일치하는지 판단하시오.

1　方方不喜欢周末。(　　)

2　方方汉语说得很好。(　　)

3　方方周末常出去玩儿。(　　)

4　大卫周末非常忙。(　　)

2　녹음을 다시 듣고 다음 물음에 답하시오. 단어가 아닌 문장으로 구사하시오.

1　方方为什么不喜欢周末？

→ ________________________________

2　方方为什么不出去玩儿？

→ ________________________________

3　大卫周末做什么？

→ ________________________________

——[본문 2]——

1　녹음을 듣고 다음 물음에 답하시오.

1　小李给玛丽看什么？

→ ________________________________

2　小李照得怎么样？

→ ________________________________

3　照片是怎么做的？

→ ________________________________

4 小李的爱好是什么？

   → ____

2 녹음을 다시 듣고 빈칸에 들어갈 말을 골라 그 번호를 써 넣으시오.

①照片　②电脑　③摄影　④爱好

小李给玛丽看_______。照片是小李照的，也是小李用电脑做的，非常漂亮。小李很喜欢_______，也很喜欢_______。用电脑做照片是小李最大的_______。

———[본문 3]———

1 녹음을 듣고 녹음 내용과 일치하는지 판단하시오.

1 下个月学校有卡拉 OK 比赛。（　　）
2 玛丽说她唱歌唱得非常好。（　　）
3 玛丽会唱很多中国歌。（　　）
4 玛丽请张老师教她新的中国歌。（　　）

2 녹음을 다시 듣고 다음 물음에 답하시오.

1 张老师怎么知道玛丽喜欢唱歌？

   → ____

2 玛丽会唱哪两首中国歌？你会唱吗？

   → ____

3 玛丽卡拉 OK 比赛时唱什么歌？为什么？

   → ____

1 빈칸을 채우시오.

1 我们用眼睛 (yǎnjing, 눈) __________ 。

2 我们用耳朵 (ěrduo, 귀) __________ 。

3 我们用嘴 (zuǐ, 입) __________ 、 __________ 、 __________ 。

4 我想用汉语 __________ 、 __________ 、 __________ 。

5 我能用电脑 __________ 、 __________ 、 __________ 。

2 단문을 듣고 다음 문제를 완성하시오.

1 녹음을 듣고 알맞은 것끼리 연결하시오.

爸爸的爱好 •　　　• 旅行

妈妈的爱好 •　　　• 唱歌

哥哥的爱好 •　　　• 看书

妹妹的爱好 •　　　• 足球

我的爱好 •　　　• 摄影

2 녹음을 다시 듣고 빈칸에 들어갈 말을 골라 그 번호를 써 넣으시오.

①时间　　②1000多　　③500多　　④照相机　　⑤比赛　　⑥迷

(1) 爸爸喜欢摄影，他的 __________ 很贵。

(2) 哥哥是个足球 __________ ，他常常坐飞机去国外看足球 __________ 。

(3) 妹妹喜欢唱歌，她有 __________ 张CD。

(4) 我最大的爱好是看书，我有 __________ 本书。

(5) 妈妈说她最喜欢旅行，可是没有 __________ 去。

Part2

综合 zōnghé 몡 종합

口语 kǒuyǔ 몡 말하기, 회화

听力 tīnglì 몡 듣기

练习 liànxí 몡동 연습 ; 연습하다

语法 yǔfǎ 몡 문법

听写 tīngxiě 몡동 받아쓰기 ; 받아쓰기를 하다

留 liú 동 남겨두다

作业 zuòyè 몡 숙제

考试 kǎoshì 몡동 시험 ; 시험을 치다

节 jié 양 수업 등을 세는 양사

门 mén 양 과목 등을 세는 양사

造句 zàojù 동 작문하다

辅导 fǔdǎo 동 지도하다

互相 hùxiāng 부 서로

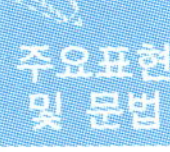

주요표현 및 문법

1 教

'教'는 이중 목적어를 동반하기도 하고 하나의 목적어만을 취하기도 한다. 이때 사람을 가리키는 목적어는 앞에, 사물을 가리키는 목적어는 뒤에 놓는다. 그밖에 이중 목적어를 가지는 동사로는 '问' '给' '告诉' '借' '还(huán)' '辅导(fǔdǎo)' 등이 있다.

① 张老师教我们听力。

② 我想问你一个问题。

③ 借我 100 块钱，可以吗？

2 觉得

'觉得'는 뒤에 동사구나 문장이 와서, 어떤 견해나 의견 따위를 설명한다.

① 你觉得汉语难吗？

② 我觉得你的汉字很漂亮。

③ 你觉得这张照片怎么样？

3 "他们每星期一起学习三次，每次学习两小时。"

'三次'와 '两小时'는 동사 뒤에 쓰여, 각각 동작의 횟수와 지속시간을 나타낸다. 중국어에서는 이를 '동량보어'와 '시량보어'라고 부른다.

① 我今天给他打了三次电话。

② 他学了 10 年汉语了。

③ 我哥哥今天睡了一天觉。

1 녹음을 듣고 빈칸에 들어갈 말을 골라 그 번호를 써 넣으시오.

①综合　　②听力　　③练习　　④作业　　⑤口语
⑥发音　　⑦听写　　⑧生词　　⑨考试

1 我们明天有四个小时________课。

2 玛丽的________非常好。

3 老师今天留了很多________。

4 我们下星期有________。

5 你们要多练习________。

6 下面我们做________。

7 我的________不太好，你再说一遍，可以吗？

8 每天要学习四十多个________，太多了。

9 现在我们开始________，请大家准备好。

2 녹음을 듣고 녹음 내용이 옳은지 판단하시오.

1 (　　)　　　　　　　　4 (　　)
2 (　　)　　　　　　　　5 (　　)
3 (　　)

3 녹음을 듣고 알맞은 답을 고르시오.

1 A 口语　　　　B 语法　　　　C 汉字　　　　D 发音

2 A 明天不上课　　　　　　　B 明天有综合课
　 C 明天有听力考试　　　　　D 明天有综合课考试

3 A 口语　　　　B 听力　　　　C 综合　　　　D 汉字

4 A 造句　　　　B 写汉字　　　　C 做练习　　　　D 读课文

———[본문 1]———

1　녹음을 듣고 녹음 내용과 일치하는지 판단하시오.

1　今天玛丽没去上课。(　　)
2　今天有听力课和综合课。(　　)
3　今天口语学第 14 课了。(　　)
4　明天听写 21 到 25 个生词。(　　)
5　今天综合课没有作业。(　　)

2　녹음을 다시 듣고 다음 물음에 답하시오.

1　今天有什么课？

　　→ ____

2　今天综合课学什么了？

　　→ ____

3　明天听写什么？

　　→ ____

———[본문 2]———

1　녹음을 듣고 녹음 내용과 일치하는지 판단하시오.

1　男的教女的英语，女的教男的汉语。(　　)
2　女的想学习语法。(　　)
3　他们每星期学习三次。(　　)
4　他们周一和周三互相学习。(　　)
5　他们 7 点到 8 点学习英语，8 点到 9 点学习汉语。(　　)

2 녹음을 다시 듣고 다음 물음에 답하시오.

1 女的学习语法用什么书？

→ ______________________________________

2 男的要学习什么？

→ ______________________________________

3 他们每周学习几次？为什么？

→ ______________________________________

4 他们星期几学习？从几点到几点？学习什么？

→ ______________________________________

─[본문 3]─

1 녹음을 듣고 녹음 내용과 일치하는지 판단하시오.

1 10月9号、10号、11号有考试。（　　）
2 9号到11号不上课。（　　）
3 口语课考试不在我们班教室。（　　）
4 考试都是8点开始。（　　）
5 口语课考试45分钟。（　　）

2 녹음을 다시 듣고 아래 표를 채우시오.

课程名称	哪天考试	几点开始	在哪儿考试	考多长时间
综合				
听力				
口语				

1　다음 물음에 답하시오.

1　你每周上几个小时汉语课？

→ ____

2　你认识多少个汉字？你会写多少个汉字？

→ ____

3　你学习几门课？你觉得哪门课最难？

→ ____

4　你最喜欢上什么课？为什么？

→ ____

2　단문을 듣고 다음 문제를 완성하시오.

1　녹음을 듣고 녹음 내용과 일치하는지 판단하시오.

(1)　方方6点半起床，7点去教室。（　　）
(2)　方方每星期辅导三次。（　　）
(3)　方方每星期和中国学生一起学习两次。（　　）
(4)　方方的作业多极了。（　　）

2　녹음을 다시 듣고 알맞은 것끼리 연결하시오.

早上7点半到8点 ●	● 她跟中国学生一起学习
上午8点到12点 ●	● 她有辅导
周一、周三、周四下午 ●	● 她写作业
周二、周五下午 ●	● 她在教室上课
晚上7点到12点 ●	● 她在教室读课文

方位

08

방향

Part 1

旁边 pángbiān 명 옆
中间 zhōngjiān 명 중앙
对面 duìmiàn 명 반대편
雨伞 yǔsǎn 명 우산
闹钟 nàozhōng 명 알람시계
钥匙 yàoshi 명 열쇠
窗户 chuānghu 명 창문
网吧 wǎngbā 명 PC방
捡 jiǎn 통 줍다

查 chá 통 찾다
楼梯 lóutī 명 계단
保龄球 bǎolíngqiú 명 볼링
电梯 diàntī 명 엘리베이터
游泳馆 yóuyǒngguǎn 명 수영장

고유명사

哈尔滨 Hā'ěrbīn 하얼빈 [헤이룽장(黑龙江)성의 성도]
新疆 Xīnjiāng 신쟝 [중국의 자치구]
福建 Fújiàn 푸지엔 [중국의 23개 성(省) 중 하나]

주요표현 및 문법

1 坏了

좋지 않은 일이나 상황에 닥쳤을 때 사용하는 표현이다.

① 坏了，已经八点了，我迟到了。
② 坏了，我的钥匙呢？
③ 坏了，今天是我朋友的生日，可是我没给他打电话。

2 哪儿……啊？

반문의 어기를 띠며, 부정을 나타낸다.

① A: 你要词典？就在桌子上呢。
　 B: 桌子上哪儿有啊？
② 烤鸭哪儿有那么好吃啊？
③ 我哪儿知道他的事儿啊？

3 还

'还'는 기대한 것보다 좋음을 나타내며, 감탄의 어기를 가진다.

① 这儿的菜还真不错!
② 坐地铁还真快!
③ 这个孩子还真聪明!

몸풀기 테스트

1 녹음을 듣고 왼쪽 사물이 있는 위치를 오른쪽에서 찾아 연결하시오.

1 作业 ·   · 桌子上边
2 雨伞 ·   · 书中间
3 笔 ·   · 门外边
4 闹钟 ·   · 电话旁边
5 电影票 ·   · 电脑里边
6 手机 ·   · 地图下边

2 대화를 듣고 질문 속 사물의 위치를 고르시오.

1 A 词典上边   B 词典旁边
2 A 桌子下边   B 饭桌上边
3 A 门上边   B 门外边
4 A 词典下边   B 词典里边
5 A 窗户外边   B 窗户里边
6 A 作业本下边   B 电脑里边

3 녹음을 듣고 알맞은 답을 고르시오.

1 A 图书馆对面   B 图书馆后边
2 A 照相馆前边   B 照相馆后边

3 A 必胜客旁边　　　　　　　B 必胜客前边

4 A 大门左边　　　　　　　　B 大门右边

5 A 面包店和花店中间　　　　B 面包店和花店对面

4 녹음을 듣고 왼쪽 장소가 있는 위치를 오른쪽에서 찾아 연결하시오.

1 超市　　·　　　·　大门左边
2 汽车站　·　　　·　网吧右边
3 饭馆　　·　　　·　麦当劳对面
4 邮局　　·　　　·　银行后边
5 书店　　·　　　·　眼镜店前边

——[본문1]——

1 천홍과 왕깡은 음식점에서 나와 무언가를 찾고 있다. 녹음을 듣고 빈칸을 채우시오.

	丢了什么	丢在哪儿了
陈红	________________	________________
王刚	________________	________________

2 녹음을 다시 듣고 녹음 내용과 일치하는지 판단하시오.

1 陈红的钥匙是在图书馆丢的。（　　）

2 钥匙上边有一只小狗。（　　）

3 王刚看见桌子下边有一把钥匙。（　　）

4 王刚是学生。（　　）

1   녹음을 듣고 다음 물음에 답하시오.

    1 说话人为什么找北京地图？

      → ____

    2 说话人在哪儿找到了北京地图？

      → ____

2   녹음을 다시 듣고 서로 관계가 있는 것끼리 연결하시오.

              • 电脑旁边

书包 •   • 床上

笔记本 •   • 笔记本中间

地图 •   • 书包里面

              • 书架上

1   녹음을 듣고 이 건물의 각 층에 어떤 편의시설이 있는지 쓰시오.

    一层 ____

    二层 ____

    三层 ____

2   녹음을 다시 듣고 다음 편의시설의 구체적인 위치를 쓰시오.

    网吧 ____

    游泳馆 ____

    日本饭馆 ____

    咖啡馆 ____

    超市 ____

1　각자 책상 위에 무엇이 있는지 살펴보고 다음과 같이 대화를 나누시오.

A: 我的书呢？

B: 在书包下边呢。

2　단문을 듣고 다음 문제를 완성하시오.

1　녹음을 듣고 알맞은 것끼리 연결하시오.

四川　　•　　　　•　东北

新疆　　•　　　　•　西北

福建　　•　　　　•　东南

哈尔滨　•　　　　•　西南

2　녹음을 다시 듣고 녹음 내용과 일치하는지 판단하시오.

(1) 哈尔滨的冰灯很好看，冷一点儿也没关系。(　　)

(2) 新疆的葡萄和葡萄酒都很好。(　　)

(3) 别的地方的四川菜也很好吃。(　　)

(4) 福建的乌龙茶很有名。(　　)

(5) 了解中国有很多办法。(　　)

一直 yìzhí 🗈 똑바로

往 wǎng 께 ~으로

拐(弯) guǎi(wān) 图 돌다, 방향을 바꾸다

路口 lùkǒu 圆 입구

十字路口 shízì lùkǒu 사거리

红绿灯 hónglǜdēng 圆 신호등

头 tóu 圆 끝부분

角 jiǎo 圆 모서리

过 guò 图 건너다

马路 mǎlù 圆 큰길, 도로

米 mǐ 앙 미터(m)

车站 chēzhàn 圆 버스정류장

方便 fāngbiàn 휑 편리하다

聚会 jùhuì 圆 모임, 회합

고유명사

国际邮局 Guójì Yóujú 국제우체국

首都电影院 Shǒudū Diànyǐngyuàn 수도극장

1 还是

'还是'는 '~하는 편이 좋다'는 뜻으로, 비교하고 깊이 생각한 후의 선택을 나타낸다.

① 你那么忙，我们还是后天见面吧。
② 还是坐地铁快，二十分钟就到了。
③ 你还是快去吧，银行马上就关门了。

2 怎么

'怎么'를 문두에 놓고 뒤에 휴지를 두면, 놀람을 나타낸다.

① 怎么，你已经做完了？
② 怎么，他不去了？
③ 怎么，大家都不知道他的电话？

3 好 + 동사

'好+동사'는 어떤 동작을 하기가 쉽다는 것을 나타낸다.

① 一直走就到了，很好找。
② 汉语的声调不太好学。
③ 早上出租汽车不好打。

1   다음 지도를 설명하는 말을 아래에서 찾아 그 번호를 써 넣고, 녹음을 듣고 따라 읽으시오.

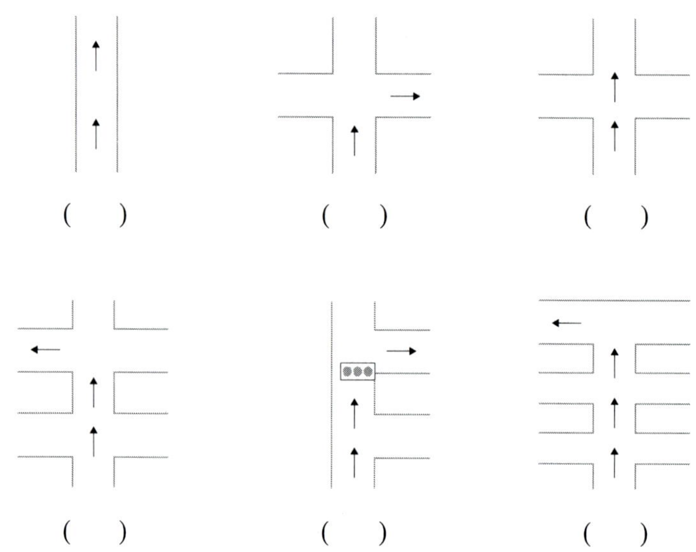

(   )　　　　(   )　　　　(   )

(   )　　　　(   )　　　　(   )

1　一直往前走。

2　往前走，到第二个路口往左拐。

3　往前走，过了十字路口再往前走。

4　往前走，到十字路口往右拐。

5　一直走到头儿，左拐。

6　往前走，看见红绿灯往右拐。

2   녹음을 듣고 대화 속에서 가리키는 방향을 고르시오.

1　A　　　　　　　　　　B

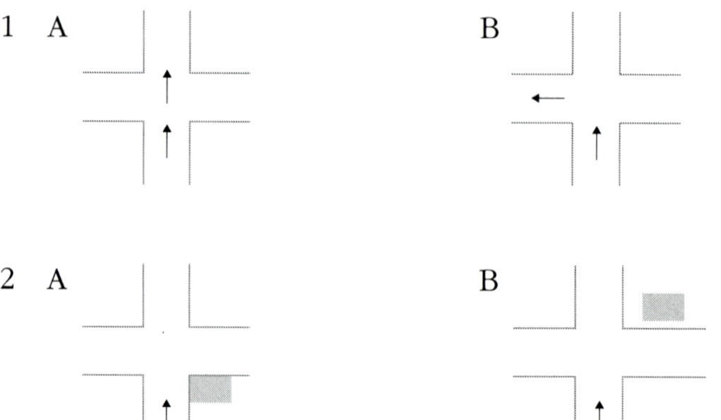

2　A　　　　　　　　　　B

3 A 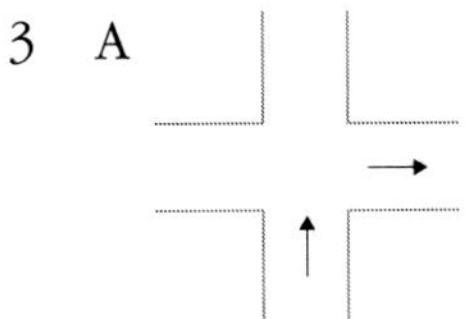   B 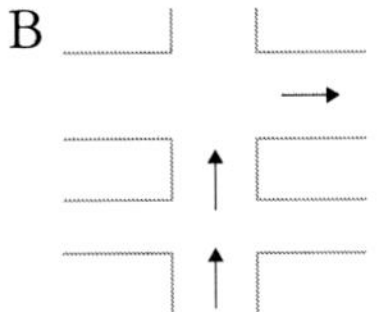

4 A 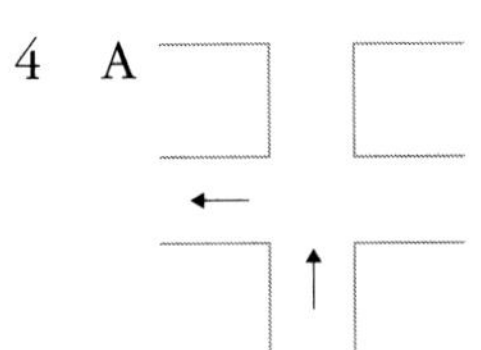   B 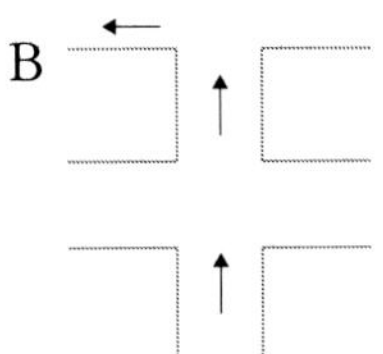

5 A 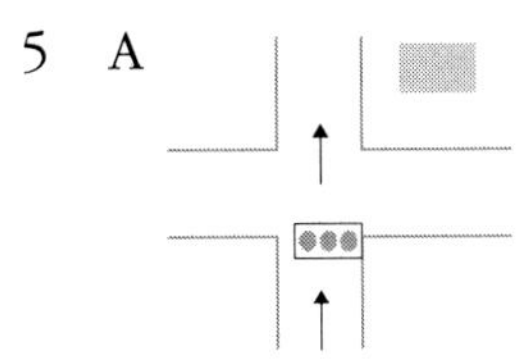   B 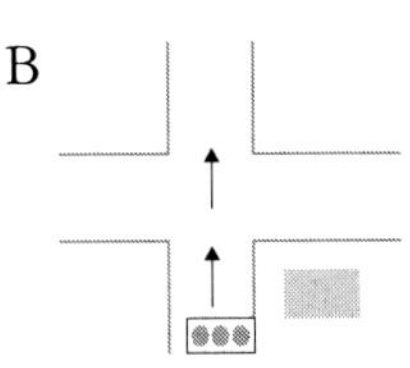

6 A 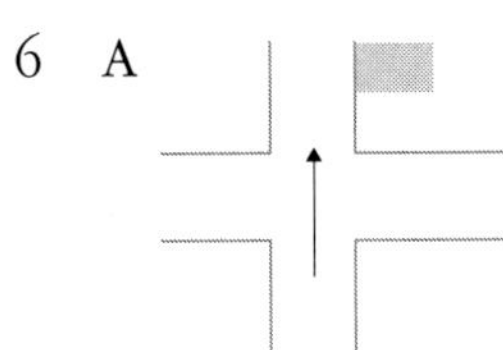   B 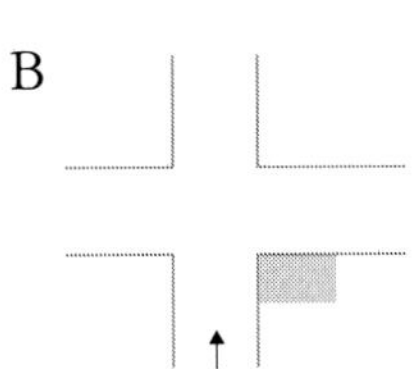

3   녹음을 듣고 녹음 속 질문에 대한 대답으로 알맞은 것을 고르시오.

1　A　不知道。　　　　　B　我也不太清楚。

2　A　左拐。　　　　　　B　拐左边。

3　A　您请说。　　　　　B　我能帮助你吗？

4　A　对不起。　　　　　B　请您再说一遍，好吗？

5　A　一层就是。　　　　B　对。

6　A　在　　　　　　　　B　是

————[본문1]————

1 녹음을 듣고 다음 물음에 답하시오.

  1 说话人要去哪儿？

   → ________________________________

  2 说话人走路去还是坐车去？为什么？

   → ________________________________

2 녹음을 다시 듣고 화자의 행로와 최종 목적지를 지도에 표시하시오.

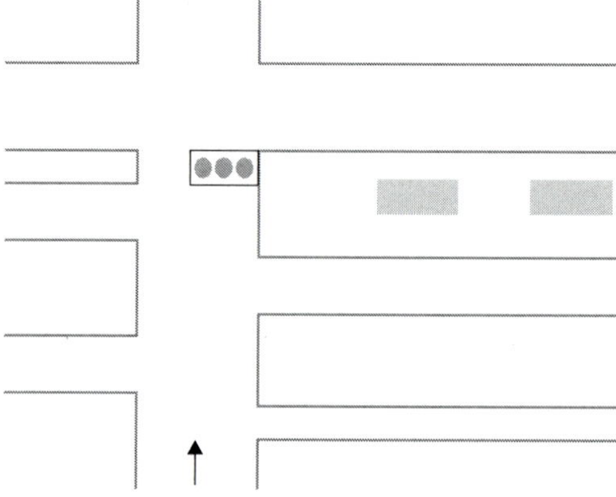

————[본문2]————

1 녹음을 듣고 녹음 내용과 일치하는지 판단하시오.

  1 说话人晚上要去上海餐厅。（　　）
  2 上海餐厅在花园路。（　　）
  3 说话人晚上在上海餐厅请客。（　　）
  4 这个餐厅离公司不远。（　　）

2　녹음을 다시 듣고 화자의 행로와 최종 목적지를 지도에 표시하시오.

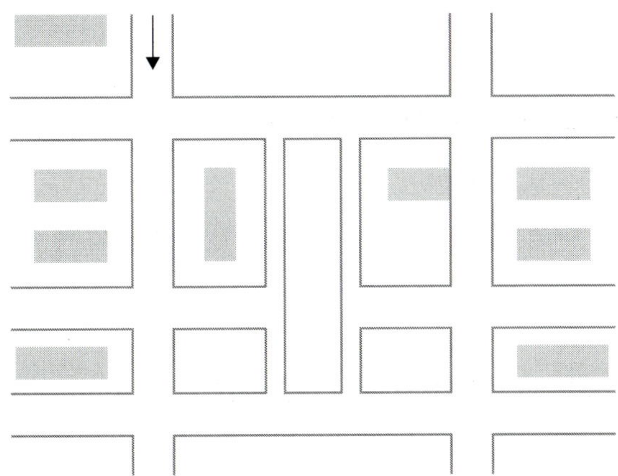

——[본문 3]——

1　녹음을 듣고 다음 물음에 답하시오.

　1　对话中两个人在哪儿见面？

　　→ ____

　2　男的现在在哪儿？

　　→ ____

2　녹음을 다시 듣고 찻집의 위치를 지도에 표시하시오.

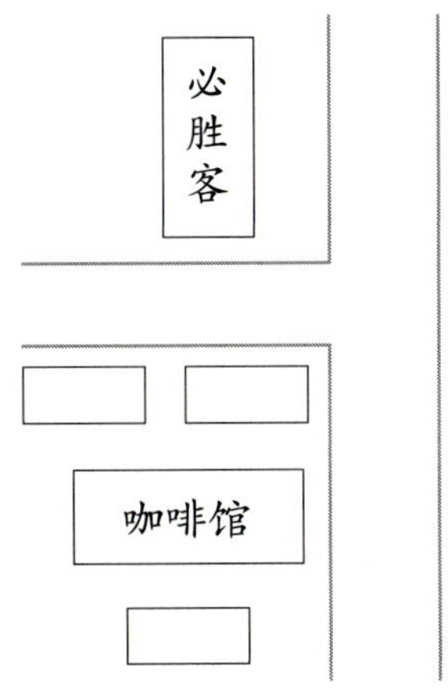

1 다음 대화를 참고하여 회화 연습을 해 보시오.

A: 学校附近有邮局吗？

B: 有。你出学校门以后往左拐，再一直往前走就到了。

2 단문을 듣고 녹음 내용과 일치하는지 판단하시오.

1 我第一次去中国人家里。（　　）

2 平时我常和朋友坐公共汽车出去。（　　）

3 我一个人去小王家。（　　）

4 小王给了我一张北京地图。（　　）

5 路上的人帮我找到了小王家。（　　）

6 我觉得自己的汉语还行。（　　）

解答

两个孩子在交谈。

"你说，远古的时候根本没有电，没有收音机，更没有电视，我们的祖先怎么活着呢？"

"所以他们都死了。"

해답

두 아이가 이야기를 나누고 있었다.

"있잖아, 옛날 옛적에는 전혀 전기가 없고, 라디오도 없고, 더군다나 텔레비전도 없었는데, 우리의 조상들은 어떻게 살았을까?"

"그러니까 다들 죽었지."

家居和住宿　**09**

Part 1

放 fàng 통 두다, 놓다

写字台 xiězìtái 명 책상

衣柜 yīguì 명 옷장

书架 shūjià 명 책꽂이

书柜 shūguì 명 책장

客厅 kètīng 명 거실

书房 shūfáng 명 서재

厨房 chúfáng 명 주방

画儿 huàr 명 그림

鲜花 xiānhuā 명 생화

墙 qiáng 명 벽

服务台 fúwùtái 명 프런트

上网 shàng wǎng 인터넷에 접속하다

费 fèi 명 비용

歌手 gēshǒu 명 가수

1 放+在

'放+在'는 뒤에 장소를 가리키는 명사를 수반하여 어떤 물건이 그 장소에 놓여 있음을 나타낸다.

① 书放在桌子上了。
② 椅子放在写字台前边。
③ 可乐放在冰箱里，咖啡放在茶几 (chájī, 티테이블) 上。

2 这是……送你的……

선물을 할 때 자주 쓰이는 표현이다. '这是……, 送给你'라고 말하기도 한다.

① 这是我送你的生日礼物。
② 这是我送你的手机。
③ 这是我在北京买的项链 (xiàngliàn, 목걸이)，送给你。

88

몸풀기 테스트

1 녹음을 듣고 알맞은 것끼리 연결하시오.

1　书　　　•　　　•　门对面
2　鲜花　　•　　　•　书架上
3　床　　　•　　　•　客厅里
4　电视机　•　　　•　书房里
5　照片　　•　　　•　墙上

2 녹음을 듣고 녹음 내용이 옳은지 판단하시오.

1　(　　)
2　(　　)
3　(　　)
4　(　　)

3 녹음을 듣고 알맞은 답을 고르시오.

1　A　书架在窗户前边
　　B　写字台在窗户前边
　　C　书架在写字台左边

2　A　我　　　　　　　　　　B　我哥哥　　　　　　　C　我弟弟

3　A　客厅里　　　　　　　　B　书房里　　　　　　　C　厨房里

4　A　四把椅子，一个书架

　　B　两把椅子，一张桌子、一个书架

　　C　四把椅子，一张桌子

——[본문1]——

1　녹음을 듣고 알맞은 답을 고르시오.

1　A　衣柜　　　　　　　　　　B　书架
　　C　沙发 (shāfā, 소파)　　　　D　写字台

2　A　床旁边　　　　　　　　　B　床对面
　　C　窗户对面　　　　　　　　D　写字台旁边

3　A　写字台右边　　　　　　　B　写字台左边
　　C　窗户前边　　　　　　　　D　床旁边

4　A　写字台右边　　　　　　　B　写字台左边
　　C　写字台前边

2　녹음을 다시 듣고 빈칸에 들어갈 말을 골라 그 번호를 써 넣으시오.

①前边　②对面　③左边　④右边

衣柜放在床的______，写字台放在窗户______，书架放在写字台______，

两把椅子，一把放在写字台______，一把放在写字台______。

1 녹음을 듣고 녹음 내용과 일치하는지 판단하시오.

    1 房间里可以打电话，也可以上网。（　　）

    2 打电话不要钱，上网要交钱。（　　）

    3 上网费和房费一起交。（　　）

    4 房间里有电视、冰箱，没有空调。（　　）

    5 全天都有热水。（　　）

2 녹음을 다시 듣고 녹음 내용에 근거하여 다음 문장을 완성하시오.

    1 电话卡在＿＿＿＿＿买。

    2 上网费每月＿＿＿＿＿块，和房费一起交。

    3 晚上＿＿＿＿点到＿＿＿＿点，早上＿＿＿＿点到＿＿＿＿点有热水。

──[본문 3]──

1 녹음을 듣고 알맞은 답을 고르시오.

    1　A 鲜花　　　　　B 花儿　　　　　C 画儿

    2　A 客厅　　　　　B 书房　　　　　C 厨房

    3　A 花儿　　　　　B 照片　　　　　C 画儿

    4　A 张老师　　　　B 张老师的女儿　　C 不知道

2 녹음을 다시 듣고 다음 물음에 답하시오.

    1 大卫送给张老师什么礼物？是买的吗？

       → ＿＿＿＿＿＿＿＿＿＿＿＿＿＿＿＿＿＿＿＿＿＿＿＿＿

    2 张老师的客厅里为什么有很多画儿？

       → ＿＿＿＿＿＿＿＿＿＿＿＿＿＿＿＿＿＿＿＿＿＿＿＿＿

    3 张老师年轻的时候漂亮吗？

       → ＿＿＿＿＿＿＿＿＿＿＿＿＿＿＿＿＿＿＿＿＿＿＿＿＿

1 다음 단어들을 아래 박스에 분류하시오. 가능하다면 다른 단어들도 채워 보시오.

书架　空调　客厅　椅子　电脑　写字台
书房　电视　衣柜　冰箱　床　卫生间

家具 (가구)	家电 (가전)	房间 (방)

2 단문을 듣고 다음 문제를 완성하시오.

1　녹음을 듣고 녹음 내용과 일치하는지 판단하시오.

(1) 我家的房子有两层，非常大。(　　)

(2) 客人住的房间在二层。(　　)

(3) 我哥哥不住在家里。(　　)

(4) 我的房间里没有电脑。(　　)

(5) 墙上有很多我的照片。(　　)

2　녹음을 다시 듣고 다음 물음에 답하시오.

(1) 我家一层有什么房间？

→ _______________________________

(2) 我家二层有什么房间？

→ _______________________________

(3) 我房间里有什么？

→ _______________________________

搬家 bān jiā 동 이사하다

租 zū 동 빌리다

房子 fángzi 명 집

感觉 gǎnjué 동명 느끼다 ; 느낌

房租 fángzū 명 집세

担心 dānxīn 동형 걱정하다 ; 걱정스럽다

一半 yíbàn 명 반, 절반

环境 huánjìng 명 환경

小区 xiǎoqū 명 지역, 단지

散步 sàn bù 동 산책하다

两居室 liǎng jūshì 방 두 칸짜리 집

平米 píngmǐ 양 평방미터(m²)

商量 shāngliang 동 상의하다

左右 zuǒyòu 명 정도, 대략

轮流 lúnliú 부 교대로

주요표현
및 문법

1 不用再……了

'再'는 부정문에 쓰여, 동작이 멈추어 더는 계속되지 않음을 나타낸다.

① 放假了，我不用再早起了。
② 你不用再说了，我明白了。
③ 你不用再来公司了。

2 还是

선택의문문에 쓰여, 상대방의 선택과 결정을 이끌어 낸다.

① 你去，还是我去？
② 你吃面包还是包子？
③ 我们骑自行车去还是打的去？

3 左右

수량사 뒤에 쓰여, 대략의 수를 나타낸다.

① 我 3 点左右给你打电话。
② 他今年 20 岁左右。
③ 学费一个小时 80 块左右。

1　녹음을 듣고 빈칸에 들어갈 말을 골라 그 번호를 써 넣으시오.

> ①房租　②房子　③两居室　④环境　⑤小区　⑥超市

1　我家的________非常大。

2　那家________的东西特别便宜。

3　租________要3000块左右。

4　学校里的________很好。

5　________一个月3500块。

6　________附近有邮局、银行。

2　녹음을 듣고 녹음 내용이 옳은지 판단하시오.

1　（　　）
2　（　　）
3　（　　）
4　（　　）
5　（　　）

3　녹음을 듣고 알맞은 답을 고르시오.

1　A　男的交　　　　　　B　女的交　　　　　　C　两个人一起交

2　A　1000块　　　　　　B　1500块　　　　　　C　2000块

3　A　20 ㎡的一间、12 ㎡的一间
　　B　20 ㎡的两间、12 ㎡的一间
　　C　20 ㎡的一间、12 ㎡的两间

4　A　银行　　　　　　　B　超市　　　　　　　C　学校

───[본문 1]───

1   녹음을 듣고 녹음 내용과 일치하는지 판단하시오.

1   大卫现在一个人住。（   ）
2   大卫以前住在学校的宿舍。（   ）
3   大卫觉得在外边租房子很好。（   ）
4   学校的宿舍11点关门。（   ）
5   大卫每月交3000块房租。（   ）

2   녹음을 다시 듣고 다음 물음에 답하시오.

1   大卫现在和谁住在一起？

    ⟹ ____

2   大卫为什么觉得在外边租房子好？

    ⟹ ____

3   大卫和朋友怎么交房租？

    ⟹ ____

4   "有家的感觉"是什么意思？

    ⟹ ____

───[본문 2]───

1   녹음을 듣고 녹음 내용과 일치하는지 판단하시오.

1   超市离王老师的家很远。（   ）
2   王老师上班坐车很不方便。（   ）
3   小区里很漂亮。（   ）
4   王老师早上在小区里散步。（   ）

5　王老师的女儿今年上学。（　　）

 녹음을 다시 듣고 다음 물음에 답하시오.

1　王老师住的小区哪些方面好？哪些方面不好？

　　→ ____

2　从小区到学校为什么不方便？

　　→ ____

3　王老师为什么想搬家？

　　→ ____

———[본문 3]———

1 녹음을 듣고 알맞은 답을 고르시오.

1　A 13901151188　　　　B 13901351088　　　　C 13901351080

2　A 麦当劳后边的小区　　B 麦当劳对面的小区
　　C 麦当劳旁边的小区

3　A 4 层　　　　　　　　B 14 层　　　　　　　C 10 层

4　A 1404　　　　　　　　B 1004　　　　　　　C 1040

5　A 一个月 3000 元　　　B 一个月 4000 元
　　C 看房子以后再商量

2 녹음을 다시 듣고 방과 그 면적을 연결하시오.

房子　　•　　　　•　11 ㎡
大房间　•　　　　•　17 ㎡
小房间　•　　　　•　22 ㎡
客厅　　•　　　　•　70 ㎡

1　'还是'를 이용해 주어진 문장을 고쳐 쓰시오.

1　白色和黑色，你喜欢哪一个？

→ ________________________________

2　韩国菜和日本菜，你觉得哪一个好吃？

→ ________________________________

3　口语和听力，哪个难？

→ ________________________________

4　这件和那件，你穿哪一件？

→ ________________________________

2　단문을 듣고 다음 문제를 완성하시오.

1　녹음을 듣고 알맞은 것끼리 연결하시오.

玛丽	•	•	宾馆	•	•	一天7美元
方方和毛毛	•	•	租房子	•	•	一天180元
大卫	•	•	学校的宿舍	•	•	一个月2500元

2　녹음을 다시 듣고 녹음 내용과 일치하는지 판단하시오.

(1)　玛丽一个人住一个房间。（　　）

(2)　经理给大卫便宜了40块。（　　）

(3)　毛毛的房间大，方方的房间小。（　　）

(4)　毛毛和方方一人交一半房租。（　　）

(5)　大卫住宾馆，最贵；玛丽住宿舍，最便宜。（　　）

生活服务 

Part 1

새로 나온 단어

开户 kāi hù 계좌를 개설하다

存折 cúnzhé 명 통장

填 tián 동 써넣다

单子 dānzi 명 표, 리스트

输 shū 동 입력하다

密码 mìmǎ 명 비밀번호

签名 qiānmíng 명동 서명 ; 서명하다

办 bàn 동 ~하다, 처리하다

按 àn 동 누르다

确认键 quèrènjiàn 명 확인키

位 wèi 양 분, 명

自动取款机 zìdòng qǔkuǎnjī 현금 자동인출기

机器 jīqì 명 기계

手续 shǒuxù 명 수속

攒 zǎn 동 (돈을) 모으다

家教 jiājiào 명 가정교사

고유명사

商业银行 Shāngyè Yínháng 상업은행

工商银行 Gōngshāng Yínháng 공상은행

华夏银行 Huáxià Yínháng 화샤은행

建设银行 Jiànshè Yínháng 건설은행

云南 Yúnnán 윈난[중국의 성(省)명]

주요표현 및 문법

1 过来, 出来

동사 바로 뒤에 위치하여 동작의 주체 혹은 동작의 대상이 이동하는 방향을 보충 설명하는 역할을 한다.

① 看见我, 她高兴地跑过来。
② 从我家开过来要二十分钟。
③ 她从包里拿出来两个又红又大的苹果。

2 来

구체적인 동사의 뜻을 대신하여 어떤 동작을 하는 것을 나타낸다.

① 你唱得真好, 再来一个。
② A: 你喝什么?

B: 您别客气，我自己来。
③ 上次是你请的客，这次我来。

3 好几

수량사나 시간사 앞에 쓰여 수량이나 시간이 많음을 표시한다.

① 我有好几本汉语词典。
② 从北京到那儿要好几个小时。
③ 她好几天没来了。

1　당신은 은행에 얼마나 자주 가는가? 은행에서 어떤 일을 해 보았는지 체크하시오.

☐ 开户　　　　　☐ 查寄来的钱到了没有
☐ 存钱　　　　　☐ 查存折里的钱还有多少
☐ 取钱　　　　　☐ 寄钱
☐ 换钱　　　　　☐ 交费

2　녹음을 듣고 은행직원이 한 말에는 'Z', 고객이 한 말에는 'G'를 써 넣으시오.

1 (　　)
2 (　　)
3 (　　)
4 (　　)
5 (　　)
6 (　　)

3 녹음을 듣고 은행직원이 고객에게 무엇을 하라고 했는지 알맞은 답을 고르시오.

1　A 填单子　　　　　　　　B 开户
2　A 填单子　　　　　　　　B 给他卡
3　A 带护照　　　　　　　　B 填单子
4　A 输密码　　　　　　　　B 改 (gǎi, 바꾸다) 密码
5　A 输密码　　　　　　　　B 按确认键
6　A 告诉他名字　　　　　　B 签名
7　A 给他看护照　　　　　　B 写护照号码
8　A 说手机号　　　　　　　B 填手机号

———[본문1]———

1 데이빗은 지금 은행 카운터 앞에 있다. 녹음을 듣고 다음 물음에 답하시오.

1　大卫去银行做什么?

　　→ _______________________________

2　他应该带什么?

　　→ _______________________________

2 녹음을 다시 듣고 녹음 내용과 일치하는지 판단하시오.

1　大卫要开一个账户 (zhànghù, 계좌)。(　　)
2　大卫开的账户可以存美元，也可以存人民币。(　　)
3　单子上不用填住在哪儿。(　　)
4　大卫只输了一次密码。(　　)
5　密码一共六位。(　　)

1   녹음을 듣고 메리가 은행에서 한 일에 체크하시오.

☐ 开户
☐ 填单子
☐ 换钱
☐ 输密码
☐ 签名

2   녹음을 다시 듣고 녹음 내용과 일치하는지 판단하시오.

1   玛丽一共换了1500块人民币。(   )
2   换的钱玛丽没都取出来。(   )
3   玛丽忘了密码。(   )
4   第二次玛丽输对了密码。(   )

——[본문 3]——

1   녹음을 듣고 알맞은 답을 고르시오.

1   A 只有一个   B 有一两个
     C 有几个   D 没有

2   A 商业银行的   B 工商银行的
     C 建设银行的   D 华夏银行的

3   A 不行   B 只能取一次
     C 行，要交手续费   D 行，不用交手续费

4   A 在那边大门口   B 在楼里
     C 在对面   D 在对面的楼里

1 다음은 은행업무와 관련된 단어이다. 빈칸에 알맞은 동사를 골라 써 넣으시오.

签　查　交　办　按　开　填　输

1 ________单子

2 ________卡

3 ________户

4 ________名(字)

5 ________密码

6 ________手续费

7 ________确认键

8 ________余额 (yú'é, 은행잔고)

2 단문을 듣고 녹음 내용과 일치하는지 판단하시오.

1 朋友是云南人，听他讲了云南以后，我决定去旅行。(　　)

2 旅行费都是做家教挣 (zhèng, 벌다) 的钱。(　　)

3 旅行费我攒了半年。(　　)

4 我去云南玩儿是在夏天。(　　)

5 我是和那个朋友一起去的。(　　)

打印 dǎyìn 통 인쇄하다, 프린트하다

洗(相片) xǐ (xiàngpiàn) (사진을) 현상하다

寸 cùn 양 인치

(复)印 (fù) yìn 통 복사하다

包间儿 bāojiānr 명 (음식점의) 대절한 방

打(字) dǎ (zì) 통 (글자를) 입력하다

座位 zuòwèi 명 좌석

浅 qiǎn 형 (색이) 옅다

特快专递 tèkuài zhuāndì 특급우편

彩色 cǎisè 명 컬러

胶卷 jiāojuǎn 명 필름

卷 juǎn 양 통[두루마리로 된 것을 세는 양사]

申请 shēnqǐng 통 신청하다

放假 fàngjià 통 방학하다

海边 hǎibiān 명 해변

条件 tiáojiàn 명 조건

고유명사

青岛 Qīngdǎo 칭다오[산둥(山东)성의 성도]

1 一样＋동사＋一＋양사

여기서 '一样'은 '종류마다'라는 뜻으로, '종류마다 하나씩 ~한다'라고 해석하면 된다.

① 这些邮票都很好看，我想一样买一套。
② 菜很多，一样尝一点儿就饱了。
③ 他挑了半天，最后听力书和口语书一样要了一本。

2 ……的话

'……的话'는 짧은 문장 뒤에 쓰여, 가정의 의미를 나타낸다.

① 下雨的话，我就不去了。
② 有时间的话，我一定去。
③ 急的话，你就明天来看看。

3 동사＋上

'동사＋上'은 동작의 결과를 나타내는 동시에, 어딘가에 첨가한다는 의미도 있다.

① 你在这儿写上名字。
② 你怎么没在表上填上电话号码？
③ 后天我们在全聚德给我爸爸过生日，座位我已经订上了。

1 녹음을 듣고 종업원이 한 말에는 'F', 손님이 한 말에는 'G'를 써 넣으시오.

1 (　　)
2 (　　)
3 (　　)
4 (　　)
5 (　　)
6 (　　)

2 대화를 듣고 손님이 무엇을 요구했는지 고르시오.

1	A 复印	B	照相
2	A 订房间	B	订座位
3	A 修灯	B	打扫房间
4	A 取照片	B	取衣服
5	A 订火车票	B	订飞机票
6	A 寄信	B	买火车票

3 대화를 듣고 화자가 말하는 것이 어떤 장소와 관계 있는지 고르시오.

1	A 网吧	B	书店
2	A 洗衣店	B	照相馆
3	A 饭馆	B	火车站
4	A 邮局	B	旅行社 (lǚxíngshè, 여행사)
5	A 商店	B	洗衣店
6	A 洗衣店	B	宾馆

———[본문 1]———

1 녹음을 듣고 다음 물음에 답하시오.

1 说话人在哪儿对话？

→ ______________________________

2 顾客要做什么？他有什么请求(qǐngqiú, 요구사항)？

→ ______________________________

2 녹음을 다시 듣고 녹음 내용과 일치하는지 판단하시오.

1 顾客要照一寸的彩照。(　　)
2 他要两张一寸的照片。(　　)
3 他要洗一卷胶卷。(　　)
4 顾客觉得明天取太晚了。(　　)
5 照的照片和洗的照片都是今天晚上取。(　　)
6 照相馆的人给了顾客两张小票。(　　)

———[본문 2]———

1 녹음을 듣고 다음 물음에 답하시오.

1 田小姐打电话做什么？

→ ______________________________

2 对方让她做什么？

→ ______________________________

2　녹음을 다시 듣고 녹음 내용과 일치하는지 판단하시오.

1　田小姐预订的是这星期五晚上的座位。（　　）
2　一起吃饭的一共有十个人。（　　）
3　田小姐订了两桌。（　　）
4　包间儿没有了，所以田小姐没订上。（　　）
5　服务员问了田小姐的电话。（　　）

———[본문 3]———

1　녹음을 듣고 다음 물음에 답하시오.

1　说话人想订一个什么样的房间？

→ _______________________________________

2　他订上了吗？

→ _______________________________________

2　녹음을 다시 듣고 녹음 내용과 일치하는지 판단하시오.

1　说话人要给朋友订一个单人间。（　　）
2　说话人的朋友每月要付 15 美元。（　　）
3　这儿上网得申请。（　　）
4　早饭和晚饭时间都是一个小时。（　　）
5　619 号房间离电梯比较远。（　　）
6　在这儿用洗衣机不要钱。（　　）

1 다음 단어들이 어느 서비스기관과 관계 있는지 분류하시오. 또 가능하다면 이들 기관이 그밖에 어떤 서비스를 제공하는지도 써 보시오.

> 洗相片　　打字　　预订房间　　照相
> 洗衣服　　打印　　预订座位　　上网　　申请上网

网吧 (PC방)　　　　宾馆 (호텔)　　　　照相馆 (사진관)　　　　饭馆 (식당)

__________　　__________　　__________　　__________

__________　　__________　　__________　　__________

__________　　__________　　__________　　__________

2 단문을 듣고 녹음 내용과 일치하는지 판단하시오.

1　两个星期以后吴月要去青岛玩儿。（　　）
2　他们想住在海边，便宜点儿贵点儿都没关系。（　　）
3　海边的房子有，不过太贵了。（　　）
4　朋友帮他们订的房子离海边很远。（　　）
5　朋友订的房子又便宜又好。（　　）

健康和医疗 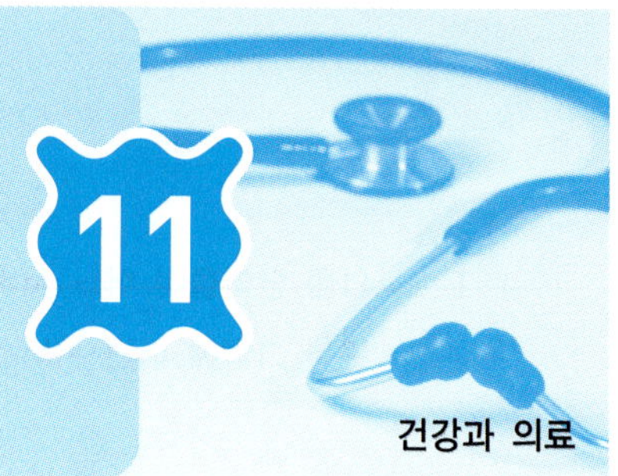

11

건강과 의료

Part 1

检查 jiǎnchá 명동 검사 ; 검사하다

体检 tǐjiǎn 명 신체검사

心脏 xīnzàng 명 심장

血压 xuèyā 명 혈압

结果 jiéguǒ 명 결과

体重 tǐzhòng 명 체중

量 liáng 동 재다

正常 zhèngcháng 형 정상(적)이다

脸色 liǎnsè 명 안색

毛病 máobìng 명 결함

按时 ànshí 부 제때에, 제시간에

离婚 lí hūn 이혼하다

腿 tuǐ 명 다리

摔跤 shuāi jiāo 넘어지다

骨折 gǔzhé 명동 골절 ; 골절되다

别提了 bié tí le 말도 마라

주요표현 및 문법

1 형용사＋了

'형용사＋了'는 변화를 나타낸다. 명사술어문, '是'자문, 그리고 동사 앞에 조동사나 부정사 '不'가 붙은 동사술어문의 끝에 '了'를 더해도 변화를 나타낸다.

① 他现在是经理了。
② 你又重了两斤。
③ 我现在能用汉语聊天儿了。
④ 我的牙不疼了。

2 按时＋동사

'按时'는 부사로, 규정된 시간 내에 동작이나 행위를 완성시킴을 나타낸다.

① 请大家按时上课，按时交作业。
② 他总是不按时吃饭，所以身体不好。
③ 回去以后按时吃药。

3 别提了

'别提了'는 정도가 심함을 나타내는 표현이다. '别提多+형용사' 형식으로 쓰면 과장된 어기를 나타낸다.

① 别提了，我一点儿也没听懂。
② 他这个人啊，别提多有意思了。
③ 他的妹妹别提多漂亮了。

몸풀기 테스트

1 녹음을 듣고 빈칸에 들어갈 말을 골라 그 번호를 써 넣으시오.

①体检　　②体重　　③骨折　　④血压　　⑤摔……跤　　⑥按时

1　他的______是95公斤。

2　您的______有点儿高，要注意休息。

3　昨天下楼时，______了一______。

4　明天下午两点，请大家到医院______。

5　回去以后，要______吃药。

6　他的手______了，不能写字。

2 녹음을 듣고 녹음 내용이 옳은지 판단하시오.

1 （　　）

2 （　　）

3 （　　）

4 （　　）

5 （　　）

6 （　　）

  녹음을 듣고 알맞은 답을 고르시오.

1　A 她常常生病　　　B 她常常头疼　　　C 她的身体不错
2　A 53公斤　　　　B 48公斤　　　　C 57公斤
3　A 我一直咳嗽　　　B 我爸爸骨折了　　C 我妈妈住院了
4　A 按时睡觉　　　　B 好好儿休息　　　C 下星期再来检查一次

　리스닝 실전

───[본문1]───

1　밍밍과 엄마가 이야기를 나누고 있다. 녹음을 듣고 녹음 내용과 일치하는지 판단하시오.

1　学校今天下午检查身体了。(　　)
2　明明说他的身体都很正常。(　　)
3　明明给妈妈看了他的检查结果。(　　)
4　明明没告诉同学他的体重。(　　)
5　明明又重了4斤。(　　)

2　녹음을 다시 듣고 다음 물음에 답하시오.

1　学校什么时候给学生体检结果？

　　→ ____

2　明明上次体检体重是多少？

　　→ ____

3　妈妈的体重是多少？

　　→ ____

1 리리가 부모님께 전화를 걸고 있다. 녹음을 듣고 녹음 내용과 일치하는지 판단하시오.

1 丽丽的爸爸妈妈身体都很好。（　　）

2 丽丽的妈妈有时候头疼。（　　）

3 丽丽的爸爸妈妈昨天都检查身体了。（　　）

4 丽丽爸爸的心脏正常。（　　）

2 녹음을 다시 듣고 다음 물음에 답하시오.

1 丽丽的爸爸妈妈最近身体怎么样？

→ _______________________________________

2 丽丽爸爸为什么最近血压高？要注意什么？

→ _______________________________________

──[본문 3]──

1 녹음을 듣고 알맞은 답을 고르시오.

1 A 太累了　　　B 工作太忙了　　　C 他病了　　　D 他离婚了

2 A 朋友　　　B 同事　　　C 爱人　　　D 不知道

3 A 买菜、做饭　　　B 洗衣服　　　C 送孩子上学　　　D 上班

2 녹음을 다시 듣고 빈칸에 들어갈 말을 골라 그 번호를 써 넣으시오.

①脸色　　②骨折　　③买菜　　④摔……跤　　⑤走路　　⑥做饭

1 小王______不太好，因为他很累。

2 小王家里的事情很多，他要______、______、送孩子上学……

3 他爱人上星期骑自行车______了一______，腿______了，三个月不能______。

1   다음 그림의 위치에 들어갈 단어를 찾아 그 번호를 쓰시오.

① 眼睛 (yǎnjing, 눈)

② 手 (shǒu, 손)

③ 脚 (jiǎo, 발)

④ 腿 (tuǐ, 다리)

⑤ 肚子 (dùzi, 배)

⑥ 耳朵 (ěrduo, 귀)

⑦ 头发 (tóufa, 머리카락)

⑧ 鼻子 (bízi, 코)

⑨ 嘴 (zuǐ, 입)

⑩ 舌头 (shétou, 혀)

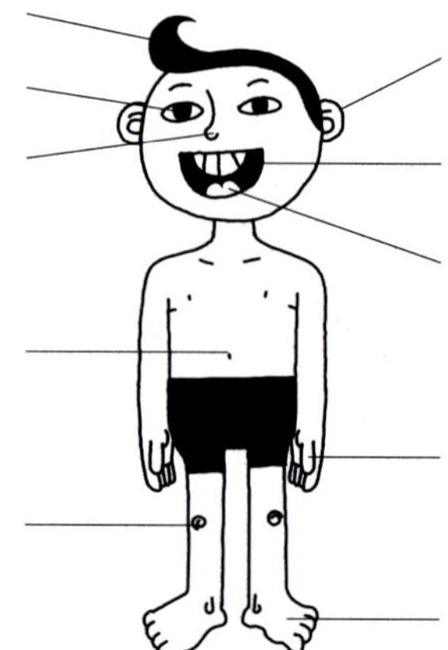

2   단문을 듣고 다음 문제를 완성하시오.

1   녹음을 듣고 알맞은 것끼리 연결하시오.

爷爷 •   • 血压高

奶奶 •   • 头疼

爸爸 •   • 身体很好

妈妈 •   • 眼睛看不见

哥哥 •   • 不能走路

2   녹음을 다시 듣고 다음 물음에 답하시오.

(1) 奶奶的眼睛从什么时候开始看不见的？

→ _______________________________

(2) 爸爸妈妈的身体怎么不好？从什么时候开始的？

→ _______________________________

(3) 哥哥结婚了吗？什么时候结的婚，现在住在哪儿？

→ _______________________________

Part 2

全身 quánshēn 몡 전신

嗓子 sǎngzi 몡 목(구멍)

体温表 tǐwēnbiǎo 몡 체온계

抽屉 chōutì 몡 서랍

发烧 fāshāo 동 열이 나다

冲剂 chōngjì 몡 침제[끓인 물에 잘게 썬 약물(藥物)을 넣고 저어 약용 성분을 우려낸 약제]

管用 guǎnyòng 혱 유용하다, 쓸모가 있다

内科 nèikē 몡 내과

外科 wàikē 몡 외과

牙科 yákē 몡 치과

妇科 fùkē 몡 산부인과

排队 páiduì 동 줄서다

挂号 guàhào 동 접수하다

药水儿 yàoshuǐr 몡 물약

药片 yàopiàn 몡 알약

大夫 dàifu 몡 의사

格 gé 양 병에 든 물약의 양을 세는 단위, 병의 눈금

胃口 wèikǒu 몡 식욕

1 听……的

'听……的'의 사이에 명사나 대사를 넣어, 그 사람의 의견을 따름을 나타낸다.

① 在我们家，我爸爸听我妈的，我妈听我的。
② 这件事得听我们老板的。
③ 我听你的，你说吧。

2 一……就……

두 가지 동작이나 행위가 긴밀하게 연속적으로 발생함을 나타낸다.

① 我一喝酒脸就红。
② 我一到北京就给你打电话。
③ 他一说，我们就都同意了。

3 算了吧

대개 삽입어로 사용되며, 어떤 일을 하는 것을 포기함을 나타낸다.

① 算了吧，我们还是在家里吃饭吧。
② 算了吧，我就不喜欢去医院，自己买点儿药吧。
③ A: 中午，我请你吃饭。
　　B: 算了吧，还是我请你吧。

1 녹음을 듣고 알맞은 것끼리 연결하시오.

1 头疼 •　　• 外科
　 骨折 •　　• 牙科
　 牙疼 •　　• 内科

2 白药片 •　　• 2次／日，3片／次
　 红药片 •　　• 3次／日，1片／次
　 黄药片 •　　• 3次／日，2片／次

3 宁宁 (Níngning) •　　• 39度8
　 明明 (Míngming) •　　• 37度9
　 民民 (Mínmin) •　　• 38度7

2 녹음을 듣고 빈칸에 들어갈 말을 골라 그 번호를 써 넣으시오.

> ①体温表　　②发烧　　③肚子疼　　④嗓子疼　　⑤排队

1 ＿＿＿＿他要买什么，等了多长时间？

2 ＿＿＿＿它是哪儿生产的，怎么样？

3 ＿＿＿＿从什么时候开始的，现在怎么样？

4 ＿＿＿＿他在哪儿吃的午饭？

5 ＿＿＿＿他为什么要说很多话？

3 녹음을 듣고 알맞은 답을 고르시오.

1 A 说话人年纪很大了。　　　　B 说话人骑自行车摔了一跤。
　 C 说话人去医院看病了。　　　D 说话人腿骨折了。

2 A 今天没来上课的人很多。
　 B 说话人一个是老师，一个是班长。

C 玛丽和方方都病了。
D 不知道大卫为什么没来上课。

3　A 说话人眼睛不太好　　　　　B 看书时间长了，要休息
　　C 写字时眼睛离本子远一点儿　D 不能再玩儿电脑游戏

4　A 男的请女的吃饭　　　　　　B 女的不喜欢和他一起吃饭
　　C 女的胃不舒服　　　　　　　D 今天他们不一起吃饭

—[본문1]—

1　녹음을 듣고 녹음 내용과 일치하는지 판단하시오.

1　说话的两个人是丈夫和妻子。（　　）
2　体温表在衣柜下边的抽屉里。（　　）
3　女的发高烧。（　　）
4　男的给女的冲了一袋感冒冲剂。（　　）

2　녹음을 다시 듣고 다음 물음에 답하시오.

1　女的哪儿不舒服？

→ _______________________________________

2　女的为什么感冒了？

→ _______________________________________

3　女的要喝几袋感冒冲剂？为什么？

→ _______________________________________

1　녹음을 듣고 녹음 내용과 일치하는지 판단하시오.

1　玛丽去过校医院，大卫没去过。（　　）
2　校医院有内科、外科、妇科和眼科。（　　）
3　大卫牙疼。（　　）
4　大卫早上 7 点去挂号就来得及。（　　）

2　녹음을 다시 듣고 다음 물음에 답하시오.

1　玛丽在校医院看过什么病？

　　→ ____

2　大卫的牙真的不疼了吗？为什么？

　　→ ____

───[본문 3]───

1　녹음을 듣고 녹음 내용과 일치하는지 판단하시오.

1　大夫一共给病人 (bìngrén, 환자) 五种药。（　　）
2　大药片饭后吃。（　　）
3　小药片一天三次。（　　）
4　冲剂是中药，饭前吃。（　　）
5　药水儿一次喝 4 格。（　　）

2　녹음을 다시 듣고 다음 표를 채우시오.

药	一天吃几次？	一次吃多少？	什么时候吃？
大药片	次 / 日	片	☐ 饭前　☐ 饭后
小药片	次 / 日	片	☐ 早上　☐ 中午　☐ 晚上
冲剂	次 / 日	袋	☐ 饭前　☐ 饭后
药水儿	次 / 日	格	☐ 饭前　☐ 饭后

1 다음 단어들을 아래 박스에 분류하시오. 가능하다면 다른 단어들도 채워 보시오.

| 内科 | 感冒 | 冲剂 | 妇科 | 药水儿 | 血压高 |
| 牙疼 | 外科 | 药片 | 牙科 | 肚子疼 | |

药 (약)	病 (질병)	诊室 (진료실)

2 단문을 듣고 다음 문제를 완성하시오.

1 녹음을 듣고 녹음 내용과 일치하는지 판단하시오.

(1) 我一年感冒了三次。（　　）

(2) 4 月我跟女朋友出去旅行了。（　　）

(3) 我的腿骨折了，休息了三个月。（　　）

(4) 我的爱好很多，不过最大的爱好是吃东西。（　　）

2 녹음을 다시 듣고 다음 물음에 답하시오.

(1) 我的脚是怎么骨折的？

　→ _______________________________________

(2) 现在，我哪儿不舒服？

　→ _______________________________________

(3) 我最大的爱好是什么？

　→ _______________________________________

(4) 我今年遇到了哪些不顺利的事？

　→ _______________________________________

人物描写 

12

인물묘사

Part 1

 **새로 나온 단어**

毛 máo 몡 털

短 duǎn 톙 짧다

卷 juǎn 통 말다, 감다

瘦 shòu 톙 야위다, 마르다

尾巴 wěiba 몡 꼬리

摇 yáo 통 (좌우로) 흔들다

苗条 miáotiao 톙 (몸매가) 날씬하다

像 xiàng 통 닮다, 비슷하다

剪 jiǎn 통 자르다

笑眯眯 xiàomīmī 눈을 가늘게 뜨고 미소 짓는 모양, 빙그레 웃는 모양

皮肤 pífū 몡 피부

圆 yuán 톙몡 둥글다 ; 원

胖子 pàngzi 몡 뚱보

怪不得 guàibude 과연, 어쩐지

排 pái 몡 줄, 열

고유명사

印度 Yìndù 인도

주요표현 및 문법

1 像

'像'은 두 사물 혹은 두 사람이 아주 많은 공통점을 가지고 있음을 나타낸다. 부사의 수식을 받을 수 있으며, 이때 부사는 서로 닮은 정도를 나타낸다.

① 她的眼睛很像她妈妈。
② 你一点儿也不像你爸爸。
③ 你和你妹妹说话的声音太像了。

2 怪不得

부사로, 갑자기 원인을 알게 되었음을 나타낸다. 종종 '原来'와 호응한다.

① 怪不得你汉语说得那么好，原来你妈妈是中国人。
② 下雪了，怪不得那么冷。
③ 怪不得你那么高兴，原来你男朋友来信了。

1　녹음을 듣고 알맞은 것끼리 연결하시오.

1　毛毛 (Máomao)　·　　·　短发
　　兰兰 (Lánlan)　·　　·　卷发
　　丽丽 (Lìli)　·　　·　长发

2　飞飞 (Fēifei)　·　　·　黑色、卷毛
　　灰灰 (Huīhui)　·　　·　白色、长毛
　　龙龙 (Lónglong)　·　　·　黄色、短毛

3　张老师 (Zhāng lǎoshī)　·　　·　不胖也不瘦
　　周老师 (Zhōu lǎoshī)　·　　·　个子高，瘦
　　朱老师 (Zhū lǎoshī)　·　　·　个子高，胖

2　녹음을 듣고 녹음 내용이 옳은지 판단하시오.

1　(　　)　　　　4　(　　)
2　(　　)　　　　5　(　　)
3　(　　)

3　녹음을 듣고 알맞은 답을 고르시오.

1　A 孩子现在1米6　　　　B 孩子今年10岁
　　C 孩子像他的父母　　　D 说话人以前不知道孩子的父母很高

2　A 大眼睛、圆脸　　　　B 大眼睛、长脸
　　C 小眼睛、圆脸　　　　D 小眼睛、长脸

3　A 男的很胖　　　　　　B 男的叫"小胖"
　　C 男的小时候很胖　　　D 女的想知道男的为什么叫"小胖"

4　A 皮肤很白　　　　　　B 长头发
　　C 戴眼镜　　　　　　　D 胖胖的

─[본문 1]─

1 녹음을 듣고 녹음 내용과 일치하는지 판단하시오.

1 说话人的爱人、儿子、还有她自己都很漂亮。（　　）
2 明明今年1岁。（　　）
3 这个星期天是明明的生日。（　　）
4 生日时，说话人给明明买了衣服，还给明明洗了澡。（　　）
5 明明是说话人的儿子。（　　）

2 녹음을 다시 듣고 다음 물음에 답하시오.

1 明明是什么？它今年几岁？什么颜色的？漂亮吗？

→ _______________________________________

2 明明的生日是什么时候，是怎么过的？

→ _______________________________________

3 明明高兴的时候，做什么？

→ _______________________________________

─[본문 2]─

1 녹음을 듣고 녹음 내용과 일치하는지 판단하시오.

1 女儿和爸爸个子都很高。（　　）
2 妈妈是小眼睛，戴眼镜。（　　）
3 爸爸又高又胖。（　　）
4 女儿现在是卷发。（　　）
5 说话的两个人都不喜欢女儿的头发。（　　）

2　녹음을 다시 듣고 다음 물음에 답하시오.

1　说话人的爱人身高、体重是多少？长得什么样？

→ ____

2　女儿的头发以前什么样？现在什么样？什么时候剪的？

→ ____

──[본문 3]──

1　팡팡과 데이빗이 사진을 보고 있다. 녹음을 듣고 알맞은 답을 고르시오.

1　A 法国人　　　　B 日本人　　　　C 印度人　　　　D 不知道

2　A 长眼睛，长脸　　　　　　　B 小眼睛，圆脸
　　C 长眼睛，圆脸　　　　　　　D 大眼睛，圆脸

3　A 大卫的女朋友皮肤比较黑　　　B 大卫的女朋友戴眼镜
　　C 大卫的女朋友是卷发　　　　　D 大卫女朋友的奶奶是印度人

4　A 五次　　　　B 四次　　　　C 三次　　　　D 两次

5　A 最后一排左边第一个　　　　B 第一排最左边第一个
　　C 最后一排中间　　　　　　　D 最后一排最右边的一个

2　녹음을 다시 듣고 다음 물음에 답하시오.

1　方方觉得法国姑娘长得有什么特点？

→ ____

2　方方觉得日本姑娘长得有什么特点？

→ ____

3　大卫的女朋友长得什么样？

→ ____

1 '怪不得'를 사용해 문장을 고쳐 쓰시오.

1 今天零下 5 度。今天很冷。

→ ________________________________

2 她不高兴。她考试不及格。

→ ________________________________

3 她今天没来上课。她发烧 39 度。

→ ________________________________

4 她已经回国了。我打电话的时候，她都不在。

→ ________________________________

2 단문을 듣고 다음 문제를 완성하시오.

1 녹음을 듣고 알맞는 것끼리 연결하시오.

综合课老师 •   • 游 (Yóu) 老师 •   • 25 岁
口语课老师 •   • 裘 (Qiú) 老师 •   • 30 多岁
听力课老师 •   • 刘 (Liú) 老师 •   • 50 多岁

2 녹음을 다시 듣고 빈칸에 알맞은 말을 써 넣으시오.

(1) 刘老师很________，长得不太漂亮，可是说话的声音非常

________。

(2) 游老师的头发又________又________，非常漂亮。

(3) 裘老师戴眼镜，个子不________，有点儿________。

새로 나온 단어

学历 xuélì 명 학력

收入 shōurù 명 수입

能力 nénglì 명 능력

性格 xìnggé 명 성격

外向 wàixiàng 형 외향적이다

内向 nèixiàng 형 내성적이다

幽默 yōumò 형 유머러스하다

开朗 kāilǎng 형 명랑하다

热心 rèxīn 형 열성적이다, 적극적이다

讲究 jiǎngjiu 동 중요시하다, 신경 쓰다

科长 kēzhǎng 명 과장

重要 zhòngyào 형 중요하다

严格 yángé 형 엄격하다

关系 guānxì 명 관계

家教 jiājiào 명 가정교사

猴 hóu 명 원숭이

주요표현
및 문법

1 要是……就好了

'要是'는 앞절에 쓰여 가정을 나타낸다. 어떤 바람이나 부탁을 표현할 때 자주 쓰인다.

① 要是我也能去世界各国旅行就好了。
② 要是您能参加就太好了。
③ 要是明天不下雨就好了。

2 再说

'再说'는 접속사로, 원인을 보충 설명할 때 쓰인다.

① 已经这么晚了，再说我家也有地方，今天晚上你就别走了。
② 这件衣服很贵，再说也不太漂亮。
③ 您这么忙，再说身体又不好，我看您还是别去了。

3 형용사 중첩

단음절 형용사의 중첩형은 'AA'이고, 이음절 형용사의 중첩형은 'AABB'이다. 형용사를 중첩하면 언어표현과 묘사가 훨씬 생동적이 된다. 일반적으로 형용사 중첩 뒤에는 '的'를 붙인다.

① 她的脸圆圆的、眼睛大大的，很可爱。
② 头发长长的、直直的，多漂亮。
③ 她给女儿穿得漂漂亮亮的。

1　녹음을 듣고 빈칸에 들어갈 말을 골라 그 번호를 써 넣으시오.

> ①性格　②收入　③能力　④严格
> ⑤关系　⑥热心　⑦讲究　⑧重要

1　她在银行工作，________很高。

2　他很有________，一毕业就进了大公司。

3　小王是个________人，很喜欢帮助别人。

4　综合课老师最________，常常听写。

5　我和同学们的________很好。

6　他很________穿，总是买名牌的衣服。

7　HSK 考试对我很________。

8　我们班的同学________都不一样。

2　녹음을 듣고 녹음 내용이 옳은지 판단하시오.

1 (　　) 　　　　　3 (　　) 　　　　　5 (　　)
2 (　　) 　　　　　4 (　　) 　　　　　6 (　　)

3　녹음을 듣고 알맞은 답을 고르시오.

1　A 文文 (Wénwen)　　　　　B 肥肥 (Féifei)
　　C 维维 (Wéiwei)　　　　　D 培培 (Péipei)

2　A 朋友很多　　　　　B 性格开朗
　　C 很有能力　　　　　D 很热心

3　A 很帅　　　　　B 性格外向
　　C 在大公司工作　　　　　D 高个子

4　A 留作业很少　　　　　B 讲课认真
　　C 声音好听　　　　　D 对学生很严格

———[본문 1]———

1   녹음을 듣고 녹음 내용과 일치하는지 판단하시오.

1   科长长得很帅。(　　)
2   科长去年结婚了。(　　)
3   科长属猴，今年 34 岁。(　　)
4   科长对大家太严格，跟大家的关系不太好。(　　)

2   녹음을 다시 듣고 다음 물음에 답하시오.

1   科长工作怎么样？

　　→ _______________________________

2   科长的性格怎么样？和同事的关系怎么样？

　　→ _______________________________

4   女的要喝几袋感冒冲剂？为什么？

　　→ _______________________________

———[본문 2]———

1   녹음을 듣고 녹음 내용과 일치하는지 판단하시오.

1   小雨的同屋常常帮助她。(　　)
2   小雨的同屋汉语说得比小雨好。(　　)
3   小天常和同屋一起喝酒聊天儿。(　　)
4   小天不喜欢他的同屋看电视、打电话。(　　)
5   小天常常睡不好觉。(　　)

　녹음을 다시 듣고 다음 물음에 답하시오.

1　为什么说小雨的同屋是个热心人？

　　→ ____

2　同屋给了小雨哪些帮助？

　　→ ____

3　小天为什么常去图书馆学习？

　　→ ____

4　小天为什么睡不好觉？

　　→ ____

───[본문 3]───

1　녹음을 듣고 녹음 내용과 일치하는지 판단하시오.

1　说话人是丽丽和她的妈妈。（　　）
2　丽丽同意“三高”的说法。（　　）
3　丽丽男朋友的个子没有丽丽高。（　　）
4　男朋友的学历没有丽丽高。（　　）
5　妈妈同意丽丽和她的男朋友结婚。（　　）

2　녹음을 다시 듣고 다음 물음에 답하시오.

1　“三高”是什么意思？

　　→ ____

2　丽丽的男朋友怎么样？

　　→ ____

3　丽丽觉得她的男朋友怎么样？

　　→ ____

1 다음 문장을 완성하시오.

1 我觉得坐火车去好，火车便宜，再说＿＿＿＿＿＿＿。

2 你别去了，今天这么冷，再说＿＿＿＿＿＿＿。

3 小李的男朋友很有钱，要是＿＿＿＿＿＿＿就好了。

4 明天有考试，要是＿＿＿＿＿＿＿就好了。

2 단문을 듣고 다음 문제를 완성하시오.

1 녹음을 듣고 알맞은 답을 고르시오.

(1) A 个子不太高　　　　　　B 特别喜欢聊天
　　C 不胖也不瘦　　　　　　D 性格文静

(2) A 高个子　　　　　　　　B 白皮肤
　　C 性格外向　　　　　　　D 美国人

(3) A 高个子　　　　　　　　B 很帅
　　C 很幽默　　　　　　　　D 头发很黑

(4) A 法国人　　　　　　　　B 中国人
　　C 英国人　　　　　　　　D 美国人

2 피터에 관한 내용에 맞게 연결하시오.

皮肤　·　　　·　大大的
牙齿　·　　　·　高高的
眼睛　·　　　·　黑黑的
个子　·　　　·　卷卷的
头发　·　　　·　白白的

3 샤오리, 데이빗, 피터가 누구인지 소개해 보시오.

天气和服装 

날씨와 옷차림

Part 1

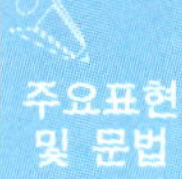 **새로 나온 단어**

领带 lǐngdài 圆 넥타이

T恤衫 tīxùshān 圆 티셔츠

防寒服 fánghánfú 圆 방한복

牛仔裤 niúzǎikù 圆 청바지

短裤 duǎnkù 圆 반바지

夹克 jiākè 圆 재킷

手套 shǒutào 圆 장갑

薄 báo 圆 얇다

配 pèi 圆 짝짓다, 어울리다

旱冰 hànbīng 圆 롤러 스케이트

校服 xiàofú 圆 교복

师傅 shīfu 圆 아저씨

毛 máo 圆 양모

打折 dǎ zhé 할인하다

주요표현 및 문법

1 那这样吧

상의하는 말투로 자신의 의견이나 건의사항을 제시할 때 쓰인다.

① 我得上课去了，那这样吧，晚上我给你打电话。
② 你这么喜欢我的，那这样吧，我们两个换怎么样？
③ 小李怎么还没到？那这样吧，你们先走，我在这儿等他。

2 好

'好'는 조동사로, '～할 수 있도록' '～하기에 편하도록'이라는 의미이다. '好+동사'의 형태로 앞쪽의 절이나 구의 목적을 나타낸다.

① 别忘了带雨伞，下雨好用。
② 告诉我你的电话，有事儿好联系。
③ 买张地图吧，不认识路的时候好查。

'단지' '오로지'의 뜻이다.

① A: 你有笔吗？
   B: 我就一支。
② 我就一个哥哥。
③ 我就一百，没有零钱。

 **몸풀기 테스트**

1 주어진 단어들을 양사에 근거하여 분류하고, 녹음을 듣고 따라 읽으시오.

> 手套　　毛衣　　衬衫　　运动鞋　　皮鞋　　领带　　裙子
> T恤衫　　帽子　　短裤　　牛仔裤　　防寒服

1 一件: ____

2 一条: ____

3 一双: ____

4 一顶: ____

2 녹음을 듣고 알맞은 답을 고르시오.

1　A 他结婚　　　　　　　　　　B 他朋友结婚

2　A 她的鞋大　　　　　　　　　B 她要跑步

3　A 他感冒了　　　　　　　　　B 天气很冷

4　A 裙子太薄　　　　　　　　　B 天气还是不太暖和

5　A 喜欢和朋友一样　　　　　　B 舒服

6　A 白帽子和她的毛衣很合适　　B 她喜欢白色

3 녹음을 듣고 녹음 내용과 일치하는지 판단하시오.

1 小娟每天都穿皮鞋。(　　)

2 小伟喜欢穿运动衣滑旱冰。(　　)

3 老张跑步的时候穿运动鞋。(　　)

4 京京有时候不穿校服去学校。(　　)

5 周日王先生穿牛仔裤。(　　)

——[본문1]——

1 녹음을 듣고 왕깡과 톈위엔이 무엇을 주웠는지, 어떻게 하려고 하는지 빈칸에 쓰시오.

	捡到了什么	什么样儿的	怎么办
1	____________	____________	____________
2	____________	____________	____________

2 녹음을 다시 듣고 왕깡과 톈위엔이 다음과 같이 판단한 이유가 무엇인지 쓰시오.

	田园	王刚
蓝帽子是 / 不是陈红的	____________	____________
手套不是陈红的	____________	____________

—[본문 2]—

1 샤오지엔과 팅팅이 전화 통화를 하고 있다. 녹음을 듣고 다음 물음에 답하시오.

    1 明天婷婷穿什么衣服？

    → ____

    2 去机场接她的人穿什么衣服？

    → ____

2 녹음을 다시 듣고 녹음 내용과 일치하는지 판단하시오.

    1 小健明天不能去，他朋友有事请他帮忙。（　　）
    2 小健不能去机场，婷婷有点儿担心。（　　）
    3 小健把婷婷的手机号告诉朋友了。（　　）
    4 到了机场以后婷婷会给小健打电话的。（　　）

—[본문 3]—

1 녹음을 듣고 다음 물음에 답하시오.

    1 晓雪喜欢这个店里的哪件衣服？她买了没有？为什么？

    → ____

    2 吴月喜欢哪件衣服？她买没买？为什么？

    → ____

2 녹음을 다시 듣고 샤오쉐와 우위에가 쇼핑을 할 때 무슨 생각을 했는지 빈칸에 쓰시오.

	大衣	裙子
晓雪	_____________	_____________
吴月	_____________	_____________

1 당신이 알고 있는 의복에 관련된 단어를 써 보시오.

冷天穿的：防寒服、＿＿＿＿＿＿＿、＿＿＿＿＿＿＿、＿＿＿＿＿＿＿

热天穿的：裙子、＿＿＿＿＿＿＿、＿＿＿＿＿＿＿、＿＿＿＿＿＿＿

2 단문을 듣고 다음 문제를 완성하시오.

1 녹음을 듣고 녹음 내용과 일치하는지 판단하시오.

(1) "春捂秋冻"的意思是春天别穿太少，秋天不用穿太多。（　）

(2) 年轻人也很相信 (xiāngxìn, 믿다) 春捂秋冻。（　）

(3) 春天，年轻人穿得少是因为他们身体好。（　）

(4) 换季的时候，年轻人身上的衣服变化最快。（　）

2 녹음을 다시 듣고 다음 물음에 답하시오.

(1) 你觉得"春捂秋冻"这句话有道理吗？

→ ＿＿＿＿＿＿＿＿＿＿＿＿＿＿＿＿＿＿＿＿＿

(2) 换季的时候，你和年轻人的做法一样吗？

→ ＿＿＿＿＿＿＿＿＿＿＿＿＿＿＿＿＿＿＿＿＿

湿润 shīrùn 〔형〕 축축하다

潮湿 cháoshī 〔형〕 습하다, 축축하다

晒 shài 〔동〕 햇볕이 내리쬐다

太阳镜 tàiyángjìng 〔명〕 선글라스

风衣 fēngyī 〔명〕 윈드 재킷

靴子 xuēzi 〔명〕 장화, 부츠

可惜 kěxī 〔형〕 섭섭하다, 아깝다

假期 jiàqī 〔명〕 휴가기간

劝 quàn 〔동〕 충고하다, 권하다

经验 jīngyàn 〔명〕 경험

出差 chūchāi 〔동〕 출장가다

呆 dāi 〔동〕 머무르다

讨厌 tǎoyàn 〔동〕 싫어하다

脱 tuō 〔동〕 벗다, 제거하다

고유명사

西安 Xī'ān 시안 [산시(山西)성의 성도]

昆明 Kūnmíng 쿤밍 [윈난(云南)성의 성도]

1 A 没有 B 这么(那么) + 형용사

비교를 나타내는 구문으로, 'A는 B만큼의 정도에 다다르지 못하다'라는 뜻이다.

① A: 你的宿舍大吗？
   B: 比较大，可是没有你的那么大。
② 在上海，坐地铁没有北京这么方便。
③ 我这本词典也不错，不过没有你的那么厚。

2 A 比 B + 형용사 + 수량사

A와 B가 수량상 차이가 있음을 나타낸다.

① 我比我妹妹大两岁。
② 坐到这儿，地铁比汽车快一刻钟。
③ 今天比昨天高两度。

3 형용사 + 不了

실현 가능성이 없음을 나타내는 표현이다.

① 不吃药，你的感冒好不了。
② 现在刚七点半，我们晚不了。
③ 今天这么冷，明天也暖和不了。

1 다음 단어들을 한국의 사계절에 맞게 분류해 보시오.

暖和　凉快　冷　干燥　湿　润热
潮湿　刮风　晒　下雪　下雨

春天: _______________________________________

夏天: _______________________________________

秋天: _______________________________________

冬天: _______________________________________

2 녹음 속 일기예보를 듣고 각 도시의 날씨와 기온을 기록하시오.

	晴	阴	刮风	下雨	下雪	温度
北京	☐	☐	☐	☐	☐	_______
哈尔滨	☐	☐	☐	☐	☐	_______
上海	☐	☐	☐	☐	☐	_______
成都	☐	☐	☐	☐	☐	_______
桂林	☐	☐	☐	☐	☐	_______

3 녹음을 듣고 알맞은 답을 고르시오.

1　A 雨伞　　　　　　　　　B 阳伞
2　A 很热　　　　　　　　　B 很暖和
3　A 雨衣、围巾　　　　　　B 风衣、围巾
4　A 靴子　　　　　　　　　B 手套
5　A 开车　　　　　　　　　B 滑雪
6　A 去咖啡馆　　　　　　　B 回家

———[본문1]———

1　텐위엔과 리밍이 이야기를 나누고 있다. 녹음을 듣고 물음에 답하시오.

1　田园说去韩国旅行几月去最好？为什么？

→ ____

2　李明什么时候去韩国？为什么？

→ ____

3　田园对李明有什么建议？

→ ____

2　녹음을 다시 듣고 빈칸을 채우시오.

	韩国天气怎么样	中国北京或南方天气怎么样
春天	__________	__________
秋天	__________	__________
八月	__________	__________

———[본문2]———

1　녹음을 듣고 다음 물음에 답하시오.

1　现在是什么季节？

→ ____

2　方丽准备了什么东西？

→ ____

3　孙梅让方丽带什么东西？

　　→ ______________________________________

2　녹음을 다시 듣고 쑨메이가 왜 팡리에게 다음의 물건을 가지고 가도록 했는지 답하시오.

原因

厚夹克　　______________________________________

太阳镜　　______________________________________

────[본문 3]────

1　녹음을 듣고 녹음 내용과 일치하는지 판단하시오.

1　小健要去两个地方出差。（　　）
2　小健要在昆明呆两三天。（　　）
3　这两天西安阴天，昆明是晴天。（　　）
4　小健不喜欢下雨是因为出去不方便。（　　）
5　出差的时候，小健穿得跟在北京一样就行。（　　）

2　녹음을 다시 듣고 빈칸을 채우시오.

	晴天 / 阴天	白天天气	夜里天气
西安	__________	__________	__________
昆明	__________	__________	__________

1 다음 단어의 반의어를 쓰시오.

1 凉快 — ________   5 干 — ________

2 热 — ________   6 阴 — ________

3 干燥 — ________   7 厚 — ________

4 讨厌 — ________   8 方便 — ________

2 단문을 듣고 녹음 내용과 일치하는지 판단하시오.

1 今天白天风比较大，晚上比较小。（   ）
2 明天一天都很冷。（   ）
3 明天早上应该穿毛衣。（   ）
4 出去玩儿最好在明天下午。（   ）

녹음대본
녹음해석
답안

姓名和问候  01

Part 1

Step1 몸풀기 테스트

3 1 B　2 A　3 C　4 B　5 B　6 C

3 1　Xiǎo Liú
2　Lǎo Zhào
3　Pān xiānsheng
4　Sūn xiǎojiě
5　Wáng lǎoshī
6　Guō dàifu

Step2 리스닝 실전

[본문1]
1 1 A　2 B　3 B　4 A　5 B

[본문2]
1 1 (1) A　(2) B　2 A　3 B　4 A

──[본문 1]──

1　A: 王先生，你好!
　　B: 你好!
　　A: 왕 선생님, 안녕하세요!
　　B: 안녕하세요!

2　A: 赵老师，谢谢您!
　　B: 不用谢。
　　A: 자오 선생님, 감사합니다!
　　B: 천만에요.

3　A: 您是苏小姐吗?
　　B: 对，我姓苏。
　　A: 미스 쑤이신가요?
　　B: 예. 제가 쑤입니다.

4　A: 刘大夫，再见!
　　B: 再见!
　　A: 리우 선생님, 안녕히 가세요!
　　B: 안녕히 가세요!

5　A: 小胡，对不起!
　　B: 没关系。
　　A: 샤오후, 미안해!
　　B: 괜찮아.

──[본문 2]──

1　A: 你好!

B: 老师好!
A: 你叫什么名字?
B: 我叫周美清。
A: 什么?
B: 周美清。
A: 周一美一清。
B: 对。老师，您姓什么?
A: 我姓潘。
B: 噢，潘老师。
问: (1) 学生叫什么名字?
　　(2) 老师姓什么?

A: 안녕!
B: 선생님, 안녕하세요!
A: 넌 이름이 뭐니?
B: 전 '저우메이칭'이라고 합니다.
A: 뭐라고?
B: '저우메이칭'이요.
A: '저우-메이-칭'.
B: 예. 선생님은 성이 어떻게 되세요?
A: 난 성이 판이란다.
B: 아, 판 선생님이시군요.
질문: (1) 학생의 이름은 무엇인가?
　　(2) 선생님은 성이 무엇인가?

2　A: 王小姐，您的花儿!
　　B: 我的花儿?
　　A: 对呀，您是王英，王小姐吧?
　　B: 您错了，我不姓王，我姓丁。
　　A: 对不起啊!
　　B: 没关系。
　　问: 花儿是谁的?
　　A: 미스 왕, 당신 꽃이에요!
　　B: 제 꽃이라고요?
　　A: 그래요. 당신이 왕잉, 그러니까 미스 왕이시죠?
　　B: 아닌데요. 제 성은 왕이 아니라 띵이에요.
　　A: 죄송합니다!
　　B: 괜찮아요.
　　질문: 꽃은 누구 것인가?

3　A: 请问，您是吴先生吗?
　　B: 对，我是。
　　A: 您的电话，是陈小姐的。
　　B: 噢，谢谢!
　　问: 谁给谁打电话?
　　A: 실례지만 우 선생님이십니까?
　　B: 예, 전데요.
　　A: 전화 왔습니다. 미스 천입니다.
　　B: 아, 감사합니다.
　　질문: 누가 누구에게 건 전화인가?

4　A: 你好!
　　B: 你好! 我叫玛丽。你叫什么?
　　A: 我叫赵天一。
　　B: 什么? 赵──
　　A: 赵天一。
　　B: 怎么写?

A: 赵一天一一。

B: 拼音呢？

A: Zhào — Tiān — yī。赵是四声，天是一声，一也是一声。

B: 噢。

问："赵天一"的拼音怎么写？

Step3 종합문제

1 1 吗　2 怎么　3 呢　4 吧　5 什么

2 1 ○　2 ×　3 ○

2 我姓郝，叫郝帅。"郝"不是"你好"的"好"，不过，也是三声。"帅"呢，四声，是漂亮的意思。不过，漂亮是说女的，男的漂亮说帅。"郝帅"的意思是真漂亮。怎么样？我的名字好听吧？

Part 2

Step1 몸풀기 테스트

1

	A		B
1	你好！		不用谢！
2	谢谢你！		我很好。
3	对不起！		再见！
4	明天见！		你好！
5	最近忙吗？		没关系。
6	你好吗？		还行，不太忙。

2 1 不太　2 太，了　3 还行，不太　4 不，有点儿　5 很，不

3

	肯定	否定	不知道
1	✓	☐	☐
2	✓	☐	☐
3	☐	☐	✓
4	☐	✓	☐
5	☐	✓	☐
6	☐	☐	✓

1

1　A: 你好！
　　B: 你好！

2　A: 谢谢你！
　　B: 不用谢！

3　A: 对不起！
　　B: 没关系。

4　A: 明天见！
　　B: 再见！

5　A: 最近忙吗？
　　B: 还行，不太忙。

6　A: 你好吗？
　　B: 我很好。

2

1　周先生今天不太忙。

2　高小姐今天太忙了，我们明天见。

3　陈老师最近还行，不太忙。

4　吴大夫今天不忙，明天有点儿忙。

5　小宋很忙，老张不忙。

3

1　A: 你身体怎么样？
　　B: 马马虎虎。

2　A: 你最近怎么样？
　　B: 不错。

3　A: 小王最近好吗？

B: 我们好久不见了。

4 A: 你的工作不错吧？
  B: 哪儿啊，马马虎虎。

5 A: 你们班有意思吗？
  B: 人太多了。

6 A: 李明最近怎么样？
  B: 我有点儿忙，我们不常见。

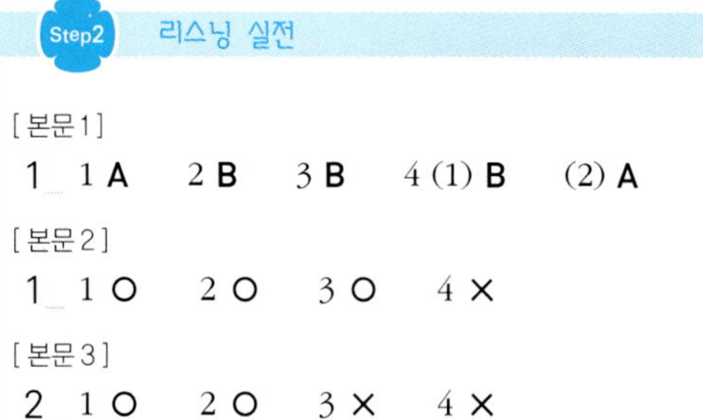

[본문1]
1 1 A   2 B   3 B   4 (1) B   (2) A

[본문2]
1 1 O   2 O   3 O   4 ×

[본문3]
2 1 O   2 O   3 ×   4 ×

——[본문 1]——

1 A: 喂，小李吗？
  B: 我是。
  A: 我是张文。最近忙吗？
  B: 不太忙，你呢？
  A: 我啊，有点儿忙。
  问: 张文最近忙吗？

2 A: 陈老师，您的书，谢谢您啊！
  B: 哪儿啊，不用谢！
  A: 再见！
  B: 再见！小郭。
  问: 书是谁的？

3 A: 宋小姐，今天我太忙，明天好吗？
  B: 好。

A: 对不起啊！
B: 没关系。那明天见！杨先生。
A: 明天见！
问: 谁很忙？

4 A: 黄先生，你好！
  B: 您好，王大夫！
  A: 你最近好吗？
  B: 很好。您忙吗？
  A: 还行，不太忙。
  问: (1) 黄先生最近好吗？
     (2) 王大夫最近忙吗？

——[본문 2]——

小　李: 张先生，您好！
张先生: 小李，是你啊！
小　李: 好久不见，您身体好吗？
张先生: 不错。你呢？工作忙吗？
小　李: 有点儿忙，不过，很有意思。
张先生: 张文现在怎么样？
小　李: 我们也好久不见了，他也很忙。
张先生: 见到你真高兴。
小　李: 见到您我也很高兴。

——[본문 3]——

李　丽: 郝洁，我是李丽，最近怎么样？
郝　洁: 还行，你呢？
李　丽: 马马虎虎。你们班好吗？
郝　洁: 老师和同学都很有意思。
李　丽: 是吗？我们班女同学很少，一共三
        十个人，女同学只有五个。
郝　洁: 哎，对了，李丽，你常见到谢云吗？

142

李　丽：我们不常见面，不过，常打电话。

郝　洁：那你问她好吧。

李　丽：好。

리　리: 하오제, 나 리리야. 요즘 어떻게 지내?
하오제: 그럭저럭 잘 지내. 넌?
리　리: 그냥 그렇지 뭐. 너희반은 괜찮니?
하오제: 선생님이랑 친구들 모두 재미있어.
리　리: 그래? 우리반에는 여학생이 좀 적어. 총 서른 명인
　　　 데, 여학생은 다섯 명밖에 없어.
하오제: 아, 맞다. 리리야, 시에윈은 자주 보니?
리　리: 자주는 못 봐. 그치만 전화 통화는 자주 해.
하오제: 그러면 나대신 안부 좀 전해줘.
리　리: 알았어.

종합문제

1 1 (1) ✕　　(2) ○　　(3) ○　　(4) ○

　 2 大夫, 老师, 同学, 不常, 打电话, 有意
　　 思, 明天, 见面

1 小王是大夫, 小李是老师, 他们是同学, 不过
　 他们不常见面, 他们常打电话。小王工作很
　 忙, 小李工作也很忙, 不过, 他说他的工作很
　 有意思。明天他们都不太忙, 他们明天见面。

샤오왕은 의사이고 샤오리는 교사이다. 그들은 동창이다.
하지만 자주 만나지는 못하고 늘 전화 통화를 한다. 샤오왕
은 일이 엄청 바쁘다. 샤오리도 바쁘지만 그는 자기의 일을
매우 재미있어 한다. 내일 그들은 그다지 바쁘지 않아서 내
일 만나기로 했다.

Part 1

몸풀기 테스트

1 1 A　 2 B　 3 B　 4 A　 5 A　 6 B
　 7 A　 8 A　 9 B　 10 A

　 2 líng　yī　èr　sān　sì　wǔ
　　 liù　qī　bā　jiǔ　shí

　 3 331　　　726　　　743
　　 748　　　810　　　836
　　 951　　　719　　　375

리스닝 실전

[본문1]

1 1

이름	방번호
田晓雪	502
冯先生	319
蒋小姐	1006
高老师	107
王刚	813
董平	224

[본문2]

1	2	3	4
徐丽	唐一然	郝洁	陈琪
68317612	63425357	13651278049	32378401

——[본문 1]——

1 大家注意啦, 现在我说一下儿房间号。田晓
　 雪, 502 号; 冯先生, 319 号; 蒋小姐, 你在
　 十层六号, 1006; 高老师, 高老师在吗？您是
　 813 号; 王刚, 107 号。对了, 王刚, 你去813
　 号, 高老师去107 号。董平, 你224 号。好,
　 大家都知道了吧。

모두들 집중해 주세요. 지금부터 방 호수를 알려 드리겠습
니다. 텐샤오쉐에 502호, 펑 선생님 319호, 미스 장은 10
층 6호, 그러니까 1006호고요. 까오 선생님, 까오 선생님
계세요? 선생님은 813호입니다. 왕깡은 107호예요. 맞다,
왕깡이 813호로 가고 까오 선생님이 107호로 가세요. 동핑
은 224호입니다. 그럼, 모두 잘 아셨죠?

——[본문 2]——

1 A: 喂, 李明在吗？
　 B: 他不在, 你是——
　 A: 我叫徐丽, 是他的朋友。
　 B: 好, 我告诉他。
　 A: 我的电话是68317612。
　 B: 6-8-3-1-7-6-1-2。
　 A: 对。
　 B: 再见！
　 A: 谢谢您, 再见！

A: 여보세요, 리밍 있나요?
B: 지금 없는데, 누구……?
A: 전 쉬리라고 하는데, 리밍의 친구입니다.
B: 그래요, 그애에게 전해 줄게요.
A: 제 전화번호는 68317612 예요.
B: 6-8-3-1-7-6-1-2.
A: 맞아요.
B: 잘 있어요!
A: 감사합니다. 안녕히 계세요!

2 A: 喂, 是李明吗？
　 B: 李明不在, 我是他爸爸。

143

A: 您好！我是李明的同学。
B: 你叫什么名字？
A: 唐一然。
B: 你的电话号码是多少？我告诉他。
A: 63425357。
B: 什么？
A: 6-3-4-2-5-3-5-7。
B: 好，再见！

3 A: 李明，我是郝洁。
B: 李明不在啊。
A: 哟，对不起。我是他朋友。
B: 他有你的电话吗？
A: 他有我的手机。
B: 那你说一下儿。
A: 13651278049。
B: 1-3-6-5-1-2-1-8-0-4-9。
A: 不，是 1-3-6-5-1-2-7-8-0-4-9。
B: 噢，好，再见啊！
A: 再见！
B: 对了，你叫什么？
A: 郝洁。

4 A: 李明，是我。
B: 你是 ——
A: 陈琪。
B: 噢，小陈啊，李明不在。
A: 是吗？
B: 他知道你的电话吗？
A: 他知道我手机，我家里的是 32378401。
B: 32378401，是吗？
A: 对。
B: 好。那再见啊。

 **Step3** 종합문제

1 姓名：宋洁
住址：学院路 8 号 107 楼 11 号
家里电话：82303671
手机：13501020947
护照：G10801092
学生证：200150693

1 我叫宋洁，我家在学院路8号107楼11号，我家里的电话是82303671，我的手机是1350 1020947。我的护照号码是G10801092，我的学生证号是200150693。

Part 2

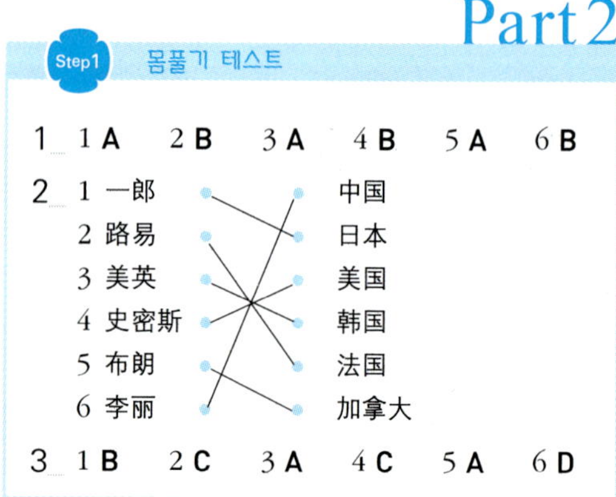 **Step1** 몸풀기 테스트

1 1 A 2 B 3 A 4 B 5 A 6 B
2
1 一郎	中国
2 路易	日本
3 美英	美国
4 史密斯	韩国
5 布朗	法国
6 李丽	加拿大

3 1 B 2 C 3 A 4 C 5 A 6 D

2 1 一郎是日本人。
이찌로는 일본 사람이다.

2 布朗是加拿大人。
브라운은 캐나다 사람이다.

3 美英是韩国人。
미영은 한국 사람이다.

4 史密斯是美国人。
스미스는 미국 사람이다.

5 李丽是中国人。
리리는 중국 사람이다.

6 路易是法国人。

3 1 A: 玛丽，他是你的老师吗？
B: 不是，他是我朋友。
问: 他是谁？

A: 메리, 그는 너희 선생님이시니?
B: 아니, 그는 내 친구야.
질문: 그는 누구인가?

2 A: 玛丽，她是谁？
B: 她是我的同学，也是我的同屋。
问: 她是谁？

A: 메리, 그애는 누구니?
B: 그애는 같은 반 친구이자 룸메이트이기도 해.
질문: 그애는 누구인가?

3 A: 玛丽，这位是——
B: 他是小李，是我的中国朋友。
问: 小李是谁？

A: 메리, 이분은……?
B: 이 사람은 샤오리야. 내 중국인 친구야.
질문: 샤오리는 누구인가?

4 A: 你是玛丽吗？
B: 对不起，我不是。我是她同屋。
问: 说话人是谁？

A: 당신이 메리인가요?
B: 죄송하지만 아닌데요. 전 메리의 룸메이트입니다.
질문: 말하는 사람은 누구인가?

5 A: 你有同屋吗？
B: 有，他是印尼人，他叫黄永福。
问: 说话人的同屋是哪国人？姓什么？

A: 너는 룸메이트가 있니?
B: 있어. 인도네시아 사람으로 이름은 황용푸야.
질문: 말하는 사람의 룸메이트는 어느 나라 사람인가?
　　　성이 무엇인가?

6 A: 这位是玛丽，她是美国人。这位是佛
兰克，他是加拿大人。这位是马克，他
是澳大利亚人。这位是皮埃尔，他是
法国人。
B: 你们好。我叫陈强，是中国人，是这
个大学的学生。
问: 下面哪个国家是对话中没有的？

A: 이쪽은 메리이고 미국 사람이야. 이쪽은 프랭크라
고 하고, 캐나다 사람이야. 여긴 마크라고 해. 호주
사람이야. 이쪽은 피에르이고 프랑스 사람이야.
B: 안녕. 난 천창이라고 해. 중국 사람이고 이 대학의
학생이야.
질문: 다음 중 대화에 나오지 않은 나라는 어디인가?

Step2 리스닝 실전

[본문1]
1 1 ✕　2 ○　3 ✕　4 ○　5 ✕

[본문3]
1 1 **B**　2 **C**　3 **C**　4 **D**　5 **C**

[본문4]
1 1 ○　2 ○　3 ✕　4 ○　5 ○

——[본문1]——

A: 玛丽，你们班有日本人吗？
B: 有，有三个。
A: 你们班有韩国人吗？
B: 没有。
A: 你们班有美国人吗？
B: 有四个。
A: 你们班还有哪国人？
B: 还有一个澳大利亚人，五个加拿大人和
　两个印尼人。

A: 메리, 너희 반에 일본 사람이 있니?
B: 응. 세 명 있어.
A: 너희 반에 한국 사람 있니?
B: 없어.
A: 너희 반에 미국 사람 있니?
B: 네 명 있어.
A: 또 어느 나라 사람이 있어?
B: 호주 사람도 한 명 있고, 캐나다 사람 다섯이랑 인도네
시아 사람 두 명 있어.

——[본문2]——

A: 玛丽，你有同屋吗？
B: 有。
A: 她是哪国人？
B: 她是日本人，她也是我的同学。
A: 你们在一起说汉语吗？
B: 不说。
A: 那你们说什么语？
B: 说英语，她的英语非常好。

A: 메리야, 너 룸메이트 있니?
B: 있어.
A: 어느 나라 사람인데?
B: 일본 사람이야. 나랑 같은 반 학생이야.
A: 너희는 같이 있을 때 중국어로 말하니?
B: 아니.
A: 그럼 무슨 말로 하는데?
B: 영어로 말해. 그애는 영어를 굉장히 잘 해.

——[본문3]——

黄永福是印尼留学生，他学习汉语。他有三个
汉语老师: 张老师、李老师和王老师。他有一
个同屋，是日本人，叫小川一郎。
史密斯是加拿大留学生，他也学习汉语。史
密斯有一个中国朋友，叫王芳。

황용푸는 인도네시아 유학생으로 중국어를 배운다. 그에게
는 세 명의 중국어 선생님이 있는데, 장 선생님과 리 선생
님, 그리고 왕 선생님이다. 그는 룸메이트가 있다. 일본 사
람으로, 이름은 오가와 이찌로이다.
스미스는 캐나다 유학생으로 그도 역시 중국어를 배운다.
스미스는 왕팡이라는 중국인 친구가 있다.

1 1 黄永福是哪国人？
      황용푸는 어느 나라 사람인가?

   2 王芳是谁的朋友？
      왕팡은 누구의 친구인가?

   3 黄永福有几个老师？
      황용푸는 선생님이 몇 명인가?

   4 史密斯是哪国人？
      스미스는 어느 나라 사람인가?

   5 小川一郎是谁？
      오가와 이찌로는 누구인가？

——[본문 4]——

A: 你好！
B: 你好！
A: 我叫玛丽，是美国人。你是中国人吗？
B: 是，我叫李丽。
A: 丽丽。你姓丽，你也叫丽。是吗？
B: 不是，我姓李，不姓丽。
A: 丽－丽－，你的姓和名字一样。对吗？
B: 不对。李，三声；丽，四声。
A: 李丽。对吗？
B: 对，我叫李丽。朋友都叫我丽丽。
A: 什么，你叫什么名字？
B: 我大名叫李丽，小名叫丽丽。
A: 大名、小名是什么意思？

A: 안녕!
B: 안녕!
A: 난 메리라고 해. 미국 사람이야. 넌 중국 사람이니?
B: 응. 난 리리라고 해.
A: 丽丽. 성도 '丽'고 이름도 '丽'구나. 맞니?
B: 아니, 성은 '李'고 이름은 '丽'야.
A: 丽……丽……. 넌 성이랑 이름이 같잖아. 맞지?
B: 아니야. '李'는 3성이고 '丽'는 4성이야.
A: 아, '李丽'라고?
B: 그래. 내 이름은 '李丽'야. 친구들은 나를 '丽丽'라고 불러.
A: 뭐라고? 이름이 뭔데?
B: 내 원래 이름은 '李丽'이고, 애칭이 '丽丽'야.
A: 원래 이름하고 애칭이란 게 무슨 말이야?

 Step3 종합문제

1 叫, 是, 留学生, 学习, 老师, 同学, 日本,
   姓, 叫

1 你们好！我叫玛丽，我是美国人。我是留学
   生。我学习汉语。这位是我的老师，这位是我
   的同学，她是日本人，她姓山本，叫山本美香。
   모두 안녕! 난 메리라고 해. 나는 미국 사람이고 유학생이
   야. 나는 중국어를 배우고 있어. 이분은 우리 선생님이셔.
   이 애는 같은 반 친구인데, 일본 사람이고, 성은 야마모토,
   야마모토 미카라고 해.

146

时间和日期   03

시간과 날짜

Part 1

Step1 몸풀기 테스트

1 7:00   八点半
   9:45   十一点一刻
   1:50   一点五十
   11:15   九点四十五
   8:30   四点零五分
   4:05   七点

3 1 A   2 B   3 B   4 A   5 B

3 1 A: 几点了？
      B: 7 点 55 了。
      A : 몇 시니?
      B : 7시 55분이야.

   2 A: 现在几点？
      B: 差二十 9 点。
      A : 지금이 몇 시지?
      B : 9시 20분전이야.

   3 A: 你的表几点了？
      B: 我的表差 2 分 3 点半。
      A : 네 시계는 몇 시니?
      B : 내 시계는 3시 반 되기 2분전이야.

   4 A: 东京现在几点？是上午吗？
      B: 是中午 12 点。
      A : 도쿄는 지금 몇 시지? 오전인가?
      B : 낮 12시야.

   5 A: 纽约现在是早上吗？
      B: 不是，纽约现在是晚上 8 点。
      A : 뉴욕은 지금 아침이니?
      B : 아니. 뉴욕은 지금 저녁 8시야.

 Step2 리스닝 실전

[본문1]
2 1 O   2 ×   3 O   4 ×

[본문2]
1 DVD 的名字：《侏罗纪公园》
   哪国的：美国
   几点看：晚上 7 点
   在哪儿看：李明的房间

2　1 这是什么？　　　　　《英雄》，中国的。

　　2 什么？什么？　　　　那晚上吧。

　　　再说一遍。

　　3 我也想看。　　　　　DVD，《英雄》。

　　4 下午我有课。　　　　好，那下午一起看吧。

[본문3]

1　1 ○　　2 ×　　3 ○　　4 ×

2　了，啦，啊，啊，吗，啊，啊，吧，了，吧

—{ 본문1 }—

小　云: 喂，小阳吗？

小　阳: 是，你是——

小　云: 我是小云。

小　阳: 噢，是小云啊。你在哪儿？

小　云: 我在加拿大。

小　阳: 什么？加拿大？那儿现在几点？

小　云: 下午4点半。北京现在是几点？

小　阳: 早上5点半。我睡觉呢。

小　云: 对不起啊。

小　阳: 没关系。我每天6点起床。

—{ 본문2 }—

常　宽: 李明，这是什么？

李　明: DVD。

常　宽: 什么名字？

李　明: 《侏罗纪公园》。

常　宽: 什么？什么？再说一遍。

李　明: 《侏罗纪公园》。

常　宽: 哪国的？

李　明: 美国的。

常　宽: 太好了，我也想看。

李　明: 下午一起看吧。

常　宽: 下午我有课。

李　明: 那晚上7点吧，在我的房间。

常　宽: 好，7点见！

—{ 본문3 }—

妈　妈: 雨来，起床！起床！

雨　来: 我太累了。

妈　妈: 7点啦。

雨　来: 几点？

妈　妈: 7点。

雨　来: 什么事儿啊？

妈　妈: 上课啊，你今天上午没有课吗？

雨　来: 有啊，是10点的。

妈　妈: 不是8点的啊，那你睡吧。

雨　来: 不了，我起床吧。

종합문제

2　1 ○　　2 ×　　3 ×　　4 ○

1　1 我每天晚上11点半睡觉。
　　　난 매일 밤 11시 반에 잔다.

　　2 我明天12点给他打电话。
　　　나는 내일 12시에 그에게 전화를 할 것이다.

　　3 中国人早上8点工作。
　　　중국인들은 오전 8시에 출근한다.

　　4 我们晚上7点在他房间看DVD。
　　　우리는 저녁 7시에 그의 방에서 DVD를 볼 것이다.

　　5 我们和高老师下午4点在他家见面。
　　　우리는 오후 4시에 까오 선생님을 선생님 댁에서 만난다.

　　6 他晚上7点不在房间。
　　　그는 저녁 7시에 방에 없다.

2　中国人一般都是早上8点上班，学生呢，也是8点上课。医院啊、图书馆啊，都是8点开门，可是商店、银行、邮局都是9点开门。中午12点，是休息时间，很多人下午2点才工作，可是在公司工作的人一般1点上班。学生呢，中午没有课，也是2点上课。下午2点上班的人晚上6点下班，中午1点上班的人下午5点下班，所以，五六点钟，外边的人很多。

Part 2

Step1　몸풀기 테스트

1

1	1990-11-28	九二年六月三十号/日
2	97-7-1	二〇〇〇年二月十七号/日
3	92-6-30	二〇〇四年一月三十号/日
4	2000-2-17	九七年七月一号/日
5	2004-1-30	一九九〇年十一月二十八号/日

2

1 一九八六年三月十四号 / 日
2 九四年九月十号 / 日
3 八〇年五月四号 / 日
4 二〇〇一年十二月二十五号 / 日

4

1	11 号	下星期天
2	7 号	这星期三
3	19 号	星期四
4	23 号	上星期一
5	6 号	星期五
6	昨天	星期四

4

1　A: 你妈妈几号来？
　　B: 11 号，下星期天。

2　A: 你朋友什么时候去日本？
　　B: 这星期三，7 号。

3　A: 你们哪天上课？
　　B: 19 号，星期四。

4　A: 他哪天到的北京？
　　B: 上星期一，23 号。

5　A: 你什么时候看的《侏罗纪公园》？
　　B: 6 号，星期五，我生日。

6　A: 你星期几和老师见的面？
　　B: 昨天，星期四。

Step2　리스닝 실전

[본문1]

2　1 ✕　　2 〇　　3 〇　　4 ✕　　5 ✕

[본문2]

2　1 D　　2 B　　3 A

[본문3]

2　1 〇　　2 〇　　3 ✕　　4 ✕　　5 〇

——[본문1]——

黄　平: 陈红，我是黄平。
陈　红: 是你啊! 什么事儿？
黄　平: 高玲明天来北京。
陈　红: 真的啊! 什么时候见面？
黄　平: 这星期天，九号晚上，怎么样？
陈　红: 好啊，几点？
黄　平: 六点半，在星期五餐厅。
陈　红: 好，星期天见!

——[본문2]——

陈　红: 爸，您哪天到啊？
爸　爸: 这星期的票没有了，只有下星期的了。
陈　红: 下星期几的啊？
爸　爸: 有星期二的，也有星期六的。
陈　红: 星期二是几号？
爸　爸: 28 号。
陈　红: 下星期二我太忙，您下星期六来吧。
爸　爸: 行啊，那我就星期六去。
陈　红: 星期六飞机是几点的？
爸　爸: 11 点 50 的，下午 1 点 10 分到。
陈　红: 好，那星期五晚上我给您打电话。

천 홍: 화요일이 며칠이죠?
아 빠: 28일.
천 홍: 다음주 화요일은 제가 많이 바쁘거든요. 다음주 토
요일에 오세요.
아 빠: 그래. 그러면 토요일에 가도록 하마.
천 홍: 토요일 비행기는 몇 시 거예요?
아 빠: 11시 50분. 오후 1시 10분에 도착해.
천 홍: 알았어요. 그러면 금요일 저녁에 제가 전화를 드릴
게요.

2　1　陈红的爸爸哪天到？
천홍의 아빠는 언제 도착하나?

　　2　陈红为什么让爸爸星期六来？
천홍은 왜 아빠에게 토요일에 오라고 했는가?

　　3　陈红什么时候给爸爸打电话？
천홍은 언제 아빠에게 전화를 할 것인가?

─{ 본문 3 }─

刘　聪：陈红啊，你好！我是刘聪。
陈　红：刘聪，是你啊!
刘　聪：这星期三练歌你知道吧？
陈　红：这星期三？几号？
刘　聪：就是14号。
陈　红：昨天张华告诉我，是下星期三啊。
刘　聪：下星期三我有事儿。
陈　红：噢。那下午练，是吗？
刘　聪：不是，是晚上。
陈　红：我晚上和朋友见面，她星期五去法
国。
刘　聪：哟，那这星期四，行吗？
陈　红：行。
刘　聪：那我给张华打电话告诉她。

리우총: 천홍, 안녕! 나 리우총이야.
천　홍: 리우총, 너구나!
리우총: 이번주 수요일에 노래 연습 하는 거 알고 있지?
천　홍: 이번주 수요일? 며칠인데?
리우총: 14일이야.
천　홍: 어제 장화는 다음주 수요일이라고 하던데.
리우총: 다음주 수요일에는 내가 일이 있어.
천　홍: 응. 그러면 오후에 연습할 거지?
리우총: 아니, 저녁에 할 건데.
천　홍: 난 저녁에 친구랑 만나기로 했는데. 그 애가 금요
일에 프랑스에 가거든.
리우총: 이런. 그러면 목요일은 괜찮니?
천　홍: 괜찮아.
리우총: 그러면 내가 장화한테 전화해서 말할게.

Step3　종합문제

1　1　哪天，几点　　2　什么时候，星期几
　　3　几号　　4　几点　　5　几号

2　1 ○　　2 ×　　3 ○　　4 ×

2　今年是2004年，在中国，2004年是猴年，今
年出生的人，我们说他属猴。中国人觉得属

猴、属虎、属龙很好，所以猴年、虎年、龙年
出生的孩子很多。虎年、龙年出生的男孩子，
他们的小名常常是小虎、小龙，猴年出生的孩
子，大家都觉得很聪明，也很可爱。

올해는 2004년이다. 중국에서 2004년은 원숭이의 해로,
올해 태어나는 사람들을 우리는 원숭이띠라고 말한다. 중국
인들은 원숭이띠, 호랑이띠, 용띠를 좋아한다. 그래서 원숭
이 해나 호랑이 해, 용의 해에 태어나는 아이들이 많다. 호
랑이 해와 용의 해에 태어난 남자아이들은, 그들의 애칭이
작은 호랑이(샤오후), 작은 용(샤오롱) 등인 경우가 많고, 모
두들 원숭이 해에 태어난 아이들이 총명하고 귀여울 거라고
생각한다.

Part 1

Step1　몸풀기 테스트

1　8角5分／8毛5
9元9角9分／9块9毛9
10元4角／10块4毛
1百零5元8角8分／1百零5块8毛8

2　1　本子　　　　　0.60元
　　　铅笔　　　　　2.40元
　　　橡皮　　　　　4.40元

　　2　可乐　　　　　1.80元
　　　矿泉水　　　　6.40元
　　　咖啡　　　　　11.50元

　　3　大包子　　　　1.80元
　　　小包子　　　　0.50元
　　　面包　　　　　0.80元

3　1 G　　2 S　　3 S　　4 G　　5 S　　6 G
4　1 D　　2 A　　3 B

2　1　本子6毛，铅笔4块零4毛，橡皮2元4角。
노트는 0.6위안, 연필은 4.4위안, 지우개는 2.4위안입
니다.

　　2　可乐6块零4毛，矿泉水1块零8毛，咖
啡11元5角。
콜라는 6.4위안, 생수는 1.8위안, 커피는 11.5위안입니
다.

　　3　大包子8毛，小包子5角，面包1块8。
큰 만두는 0.8위안, 작은 만두는 0.5위안, 빵은 1.8위
안입니다.

149

3　1　请问，这儿卖本子吗？

　　2　您买什么？

　　3　还要别的吗？

　　4　一共多少钱？

　　5　找您 1 块 5。

　　6　咖啡多少钱一杯？

4　1　A: 您要一瓶可乐，两瓶红茶，对吗？
　　　　B: 不对，我要两瓶可乐，一瓶红茶。
　　　　问: 顾客要买什么？

　　2　A: 一共是 24 块 4 毛 9。
　　　　B: 给您 24 块 5。
　　　　问: 顾客给售货员多少钱？

　　3　A: 包子 5 毛，面包 2 块 5，您要什么？
　　　　B: 来一个面包，两个包子。
　　　　问: 顾客买了什么？

리스닝 실전

[본문1]

1　1 C　　2 B

2　1 ②, ②　　2 ①, ②　　3 ③　　4 ②, ③

[본문2]

1

小本子		4.20 元
大本子		0.60 元
铅笔		0.80 元
橡皮		7.50 元

2

商品	几（个）	一共多少钱
小本子	五（个）	3 块
大本子	两（个）	1 块 6
铅笔	一（支）	7 块 5
橡皮	一（块）	4 块 2

[본문3]

1　1 ○　　2 ○　　3 ×　　4 ×

2　④, ⑤, ①, ②, ③

—{ 본문1 }—

彼　得: 玛丽，你喝什么？

玛　丽: 可乐。

彼　得: 方方，你呢？

方　方: 跟玛丽一样。

彼　得: 大卫，你喝什么？

大　卫: 咖啡。

彼　得: 没有咖啡。

大　卫: 那我也喝可乐吧。

玛　丽: 彼得，你喝什么？

彼　得: 我喝啤酒。小姐，来三杯可乐，一杯
　　　　啤酒。

1　1　他们一共几个人？

　　2　他们要了什么？

—{ 본문2 }—

A: 请问，这儿卖铅笔吗？

B: 卖。

A: 多少钱一支？

B: 这种 2 块 5，这种 4 块 2，这种 5 块 8，这
　　种 7 块 5。

A: 要 7 块 5 的。

B: 小本子 6 毛一个，五个，3 块；大本子 8 毛
　　一个，两个，1 块 6；铅笔一支，7 块 5；橡
　　皮一块，4 块 2。一共是 16 块 3。

———{ 본문 3 }———

A: 一共是 40 块 1。

B: 给您 50 块。

A: 您有 1 毛钱吗？

B: 我看一下儿。对不起，没有。两毛，可以吗？

A: 可以。找您 10 块 1。

Step3　종합문제

1 支，个，块，杯，瓶，盒/瓶

2 1

	面包	可乐	牛奶	一共多少钱
毛毛	1	1	1	13.00 元
方方	1	2		15.00 元
丽丽	1		1	7.00 元

2 毛毛、方方和丽丽去商店买东西。毛毛买了一瓶可乐、一个面包和一盒牛奶，一共 13 块。方方买买了两瓶可乐，一个面包，一共 15 块。丽丽买了一个面包，一盒牛奶，一共 7 块。

마오마오와 팡팡, 리리가 상점에 물건을 사러 갔다. 마오마오는 콜라 한 병과 빵 한 개, 그리고 우유 한 개를 샀는데 총 13위안이었다. 팡팡은 콜라 두 병과 빵 한 개를 사서 총 15위안이었으며, 리리는 빵 한 개와 우유 한 개를 사서 총 7위안이었다.

Part 2

Step1　몸풀기 테스트

1 1 **1,010**　2 **1,110**　3 **2,202**　4 **44,000**
　　5 **12,000,000**　6 **10,500**

2 1 C　2 A　3 C　4 D

3 1 G　2 G　3 S　4 G　5 S

4 1 C　2 C　3 B　4 A

3 1 便宜一点儿，可以吗？
　　좀 싸게 해 주실 수 있나요?

　　2 我试试，可以吗？
　　한번 입어 봐도(신어 봐도/먹어 봐도) 되나요?

　　3 苹果 5 块钱三斤。
　　사과는 세 근에 5위안입니다.

　　4 你帮我挑挑。

좀 골라 주세요.

5 收您 20 块。
　　20위안 받았습니다.

4 1 A: 西瓜多少钱一斤？
　　　B: 大的 1 块 4，小的 1 块 2。
　　　问: 下面哪种说法正确？
　　　A: 수박은 한 근에 얼마예요?
　　　B: 큰 건 1.4위안이고 작은 건 1.2위안입니다.
　　　질문: 다음 중 맞는 표현은 무엇인가?

　　2 A: 小姐，买一件吧。140 块钱两件。
　　　B: 我试试。
　　　问: 多少钱一件？
　　　A: 아가씨, 한 벌 사세요. 두 벌에 140위안입니다.
　　　B: 한번 입어 볼게요.
　　　질문: 한 벌에 얼마인가?

　　3 A: 便宜点儿，10 块，怎么样？
　　　B: 您给加 1 块，11 块吧！
　　　问: 小贩要多少钱？
　　　A: 싸게 해 주세요. 10위안 어때요?
　　　B: 1위안만 더 내세요. 11위안에 하세요!
　　　질문: 판매원은 얼마를 요구하고 있는가?

　　4 A: 来一个汉堡，一杯咖啡，一个薯条，您还点别的吗？
　　　B: 谢谢，不要了。
　　　问: 顾客没有点什么？
　　　A: 햄버거 한 개랑 커피 한 잔, 감자튀김 1개 하셨습니다. 더 주문하실 건 없으세요?
　　　B: 됐습니다. 감사합니다.
　　　질문: 다음 중 손님이 주문하지 않은 것은?

Step2　리스닝 실전

[본문 1]

1 1 ✕　2 ○　3 ○　4 ✕　5 ✕

2 两斤，三斤，2 块 8，2 块 5，2 块 6

[본문 2]

1 汉堡　　　4 块 5
　　薯条　　　3 块 5
　　咖啡　　　9 块 5

[본문 3]

2 1 ✕　2 ○　3 ○　4 ○　5 ✕

———{ 본문 1 }———

A: 小姐，您买什么水果？

B: 苹果多少钱一斤？

A: 5 块钱两斤。来点儿吧。

B: 不要，上星期还 5 块钱三斤呢。香蕉多少钱一斤？

A: 2 块 8。

B: 便宜一点儿吧。2 块 5，行不行？

A: 给你2块6。
B: 来两斤吧。

A: 아가씨, 어떤 과일을 드릴까요?
B: 사과는 한 근에 얼마예요?
A: 두 근에 5위안입니다. 좀 사세요.
B: 됐어요. 지난주에는 세 근에 5위안이었잖아요. 바나나는 한 근에 얼마죠?
A: 2.8위안입니다.
B: 좀 싸게 해 주세요. 2.5위안에 안 되요?
A: 2.6위안에 드리죠.
B: 두 근 주세요.

—— [본문 2] ——

A: 小姐，请您点餐。
B: 来一个汉堡，一个薯条，再来一杯咖啡。
A: 汉堡9块5，薯条4块5，咖啡3块5，一共17块5。还要别的吗？
B: 不要了。
A: 收您20块，找您2块5。请您慢用。

A: 아가씨, 주문하시겠어요?
B: 햄버거 한 개하고 감자튀김 한 개, 그리고 커피 한 잔 주세요.
A: 햄버거는 9.5위안이고, 감자튀김이 4.5위안, 커피가 3.5위안이니까 총 17.5위안입니다. 더 주문하시겠습니까?
B: 됐습니다.
A: 20위안 받았습니다. 2.5위안 거슬러 드릴게요. 맛있게 드세요.

—— [본문 3] ——

小 贩: 小姐，买DVD吧，25块钱两张，都是好电影。
玛 丽: 电影我不想买，有流行歌曲吗？
小 贩: 有，你自己挑。
玛 丽: 方方，你帮我挑挑。
方 方: 这是F4的，这是任贤齐的，这是邓丽君的。
玛 丽: 这是什么？
方 方: 这是京剧。
玛 丽: 买一张听听，再买这张邓丽君的歌儿。

판매상: 아가씨, DVD 사세요. 두 장에 25위안입니다. 다 재미있는 영화들입니다.
메 리: 영화는 사고 싶지 않은데요. 유행가는 있나요?
판매상: 있습니다. 골라 보세요.
메 리: 팡팡, 내가 고르는 것 좀 도와줄래?
팡 팡: 이건 F4거네. 이건 런시엔치 노래고, 이건 덩리쥔 노래야.
메 리: 이건 뭐니?
팡 팡: 이건 경극이야.
메 리: 한 장 사서 들어 봐야겠다. 그리고 덩리쥔 노래도 한 장 살래.

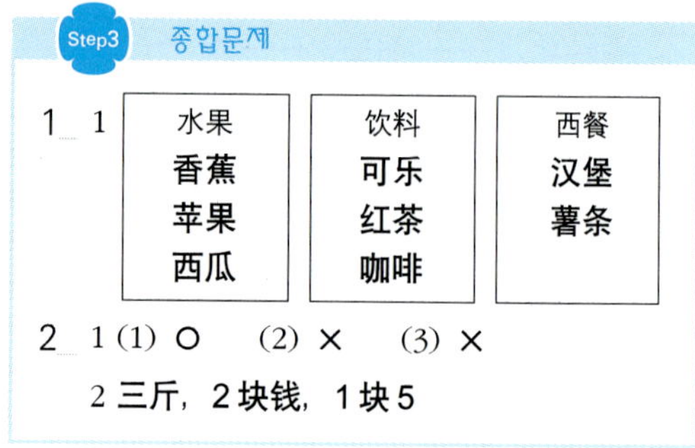

Step3 종합문제

1 1

水果	饮料	西餐
香蕉	可乐	汉堡
苹果	红茶	薯条
西瓜	咖啡	

2 1 (1) ○ (2) × (3) ×

   2 三斤，2块钱，1块5

2 昨天，我去买苹果。我问小贩，苹果多少钱一斤。小贩说5块钱三斤。我说2块钱一斤可以吗？小贩笑了，他说可以。我也笑了。小贩说给我1块5一斤，我买了三斤。

어제 나는 사과를 사러 갔다. 판매상에게 사과가 한 근에 얼마인지 물어 보았다. 판매상은 세 근에 5위안이라고 했다. 나는 한 근에 2위안씩 줄 수 있냐고 물었다. 판매상이 웃으면서 그렇게 하라고 말했다. 나도 웃었다. 판매상이 한 근에 1.5위안씩 주겠다고 해서 나는 세 근을 샀다.

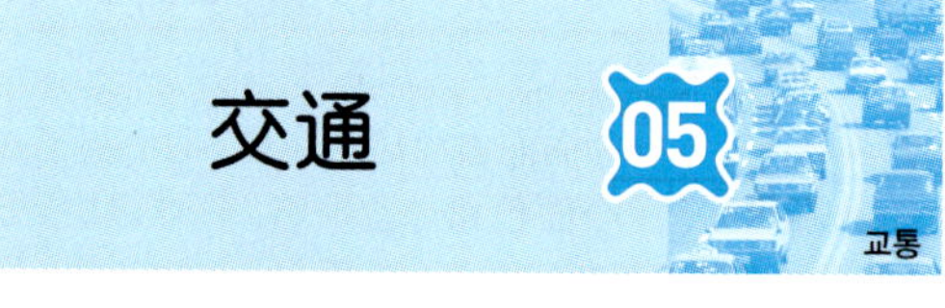

Part 1

Step1 몸풀기 테스트

1 1① 2④ 3⑤ 4② 5③
   6⑥
2 1○ 2× 3× 4○ 5○ 6×
3 1 B 2 B 3 B

1 1 这辆自行车多少钱？
   이 자전거는 얼마입니까?

  2 公共汽车上有很多人。
   버스에 사람이 많다.

  3 那不是出租车。
   저것은 택시가 아니다.

  4 这是李老师的汽车吗？
   이것은 리 선생님의 자동차입니까?

  5 我每天走路去教室。
   나는 매일 교실까지 걸어간다.

  6 坐火车要13个小时。
   기차를 타고 13시간 가야 한다.

2 1 "7点20走，7点55到学校"意思是"从家到学校要半个多小时"。

'7시 20분에 출발해서 7시 55분에 학교에 도착한다'는 '집에서 학교까지 30여 분이 걸린다'는 뜻이다.

2 "从宿舍到教室走路5分钟" 意思是 "宿舍离教室很远"。
'기숙사에서 교실까지 걸어서 5분 걸린다'는 '기숙사가 교실에서 멀리 떨어져 있다'는 뜻이다.

3 "坐地铁去20分钟，坐公共汽车去40分钟" 意思是 "坐公共汽车快"。
'지하철을 타면 20분이 걸리고 버스를 타면 40분이 걸린다'는 '버스를 타는 게 더 빠르다'는 뜻이다.

4 "我们打的去吧" 意思是 "我们坐出租汽车去"。
'우리 택시 잡아서 가자'는 '우리 택시 타고 가자'라는 의미이다.

5 "我骑自行车去，你们打的去" 意思是 "我不和你们一起去"。
'나는 자전거를 타고 갈테니 너희는 택시를 타고 가'는 '나는 너희와 함께 가지 않는다'는 의미이다.

6 "公共汽车上不太挤" 意思是 "公共汽车上人非常多"。
'버스 안이 그다지 붐비지 않는다'는 '버스에 사람이 굉장히 많다'는 의미이다.

3
1 A: 大卫，我们打的去吧。
B: 别打的了，玛丽，走路15分钟就能到。
问: 下面哪种说法不正确?
A: 데이빗, 우리 택시 타고 가자.
B: 택시 타지 말자, 메리야. 걸어서 15분만 가면 도착할 수 있어.
질문: 다음 중 틀린 표현은?

2 A: 丽丽骑自行车去，方方坐公共汽车去，我开车去，彼得，你怎么去?
B: 我坐你的车去。
问: 彼得怎么去?
A: 리리는 자전거를 타고 가고 팡팡은 버스를 타고 가고 나는 직접 차를 몰고 갈 거야. 피터, 넌 어떻게 갈래?
B: 난 네 차를 타고 갈게.
질문: 피터는 어떻게 갈 것인가?

3 A: 长城离这儿远吗?
B: 坐车要1个半小时。
问: 坐车要多长时间?
A: 만리장성이 여기에서 먼가요?
B: 차 타고 가면 한 시간 반이 걸립니다.
질문: 차를 타고 가면 얼마나 걸리는가?

 Step2 리스닝 실전

[본문1]
1 1○ 2× 3○ 4○ 5×
2 10点55分, 10点半

[본문2]
1 1D 2B 3A 4C

[본문3]
1 1○ 2× 3○ 4× 5×
6○ 7○ 8×
2 1② 2② 3③ 4③,① 5①,④

—{ 본문1 }—

A: 经理，飞机几点到北京?
B: 10点55分。
A: 现在几点了?
B: 10点半。
A: 前边堵车了。
……
A: 经理，机场到了。
B: 飞机到了吗?
A: 还没呢。

A: 사장님, 비행기가 몇 시에 베이징에 도착하죠?
B: 10시 55분에 도착합니다.
A: 지금이 몇 시입니까?
B: 10시 반입니다.
A: 앞에 차가 많이 막히네요.
……
A: 사장님, 공항에 도착했습니다.
B: 비행기는 도착했나요?
A: 아직 도착하지 않았습니다.

—{ 본문2 }—

儿 子: 妈，我明天怎么去学校?
妈 妈: 你骑自行车去吧。
儿 子: 不行，骑自行车要40多分钟呢, 太累。
妈 妈: 那就坐公共汽车吧。
儿 子: 公共汽车人太多了。
妈 妈: 那你想怎么去?
儿 子: 打的去。
妈 妈: 不行，打的太贵了。
儿 子: 那我明天就不去上学了。
妈 妈: 好，好，给你钱，你明天打的去学校。

아 들: 엄마, 저 내일 학교에 어떻게 가요?
엄 마: 자전거를 타고 가렴.
아 들: 싫어요. 자전거를 타면 40분이 넘게 걸린단 말이에요. 너무 힘들어요.
엄 마: 그러면 버스를 타고 가거라.
아 들: 버스에는 사람이 너무 많아요.
엄 마: 그러면 어떻게 가고 싶은데?
아 들: 택시를 타고 갈래요.
엄 마: 안 된다. 택시는 너무 비싸.
아 들: 그러면 저 내일 학교 안 갈래요.
엄 마: 그래, 그래. 돈 줄 테니까 내일 택시 타고 학교에 가거라.

1
1 骑自行车去学校要多长时间?
자전거를 타고 학교에 가면 얼마나 걸리나?

2 妈妈说打的去学校怎么样?
엄마는 택시를 타고 학교에 가는 것이 어떻다고 했나?

153

3 明天儿子去上课吗?
　　내일 아들은 수업에 가는가?

4 明天儿子怎么去学校?
　　내일 아들은 어떻게 학교에 하는가?

——〔본문 3〕——

大　卫: 星期天上午10点, 动物园门口儿见,
　　　　玛丽, 你行吗?

玛　丽: 行, 我坐公共汽车去。

大　卫: 你们几个印尼同学怎么去?

印尼同学: 我们打的去。

大　卫: 方方, 你怎么去?

方　方: 我想骑自行车去, 不知道远不远?

大　卫: 要半个多小时吧。

方　方: 我不认识路, 怎么办?

大　卫: 你可以问路啊。

方　方: 我听不懂汉语。

大　卫: 你别骑自行车了, 你、我、还有玛丽,
　　　　我们三个人一起坐公共汽车吧。

方　方: 好吧, 大卫, 后天上午9点, 我你和
　　　　玛丽在学校门口见。

데이빗: 일요일 오전 10시에 동물원 입구에서 만나자. 메리, 괜찮겠어?
메 리: 괜찮아. 난 버스를 타고 갈 거야.
데이빗: 너희 인도네시아 친구들은 어떻게 갈 거니?
인도네시아 학생: 우리는 택시를 타고 갈게.
데이빗: 팡팡, 넌 어떻게 갈 거야?
팡 팡: 난 자전거를 타고 가려고. 거리가 얼마나 될지 모르겠네.
데이빗: 30분이 좀 넘게 걸릴 거야.
팡 팡: 내가 길을 잘 모르는데 어떻게 하지?
데이빗: 물어보면 되지.
팡 팡: 난 중국어를 잘 못 알아듣잖아.
데이빗: 그러면 자전거를 타고 가지 말고, 너랑 나랑 메리링 셋이 버스를 타고 가자.
팡 팡: 좋아. 데이빗, 모레 오전 9시에 나랑 너랑 메리랑 학교 문앞에서 만나자.

종합문제

1　1 骑　　2 开　　3 打　　4 听　　5 认识
　　6 坐　　7 走

2　1 (1) ○　　(2) ✕　　(3) ○　　(4) ✕
　　　(5) ✕

　2 120 块, 骑自行车, 十多分钟, 骑车,
　　上星期日, 星期日, 四个多小时

2　我上个月买了一辆自行车, 很便宜, 120 块。
现在, 我每天骑自行车去学校上课, 从我的家
到学校要十多分钟。周末, 我常常和中国学生
一起骑车出去玩儿。上星期日, 我们去了北京
大学。这个星期日, 我们要去颐和园。我们还
想骑自行车去长城, 从学校骑车到长城要四

个多小时。

나는 지난달에 자전거 한 대를 샀다. 120 위안으로, 매우 저렴했다. 요즘 나는 매일 자전거를 타고 학교에 수업을 들으러 간다. 우리 집에서 학교까지 10여 분 정도 걸린다. 주말에 나는 늘 중국 친구와 함께 자전거를 타고 놀러 나간다. 지난주 일요일에 나는 베이징대학에 갔다. 이번주 일요일에 나는 이허위엔에 갈 것이다. 우리는 자전거를 타고 만리장성에도 가 보고 싶다. 학교에서 만리장성까지는 자전거로 4시간이 넘게 걸린다.

Part 2

몸풀기 테스트

1　北京—天津　　　　飞机　——　¥1800.00
　　北京—上海　　✕　　火车　——　¥500.00
　　北京—香港　　　　汽车　——　¥30.00

2　1 C　　2 S　　3 C　　4 C　　5 S
　　6 C　　7 C

3　1 B　　2 B　　3 B　　4 C

1　1 从北京到天津坐汽车 30 块。
　　베이징에서 톈진까지 버스를 타고 가면 30위안이 든다.

2 从北京到上海坐火车 500 块。
　　베이징에서 상하이까지 기차를 타고 가면 500위안이 든다.

3 从北京到香港的飞机票是 1800 块。
　　베이징에서 홍콩까지 가는 비행기표는 1800위안이다.

2　1 师傅, 买张票。
　　아저씨, 표 한 장 주세요.

2 小姐, 你去哪儿?
　　아가씨, 어디까지 가세요?

3 请问, 去王府井, 在哪儿下车?
　　말씀 좀 물을게요. 왕푸징에 가려면 어디에서 내려야 하나요?

4 我想订去上海的火车票。
　　상하이에 가는 기차표를 예약하려고 합니다.

5 对不起, 5月3号的飞机票卖完了。
　　죄송합니다. 5월 3일 비행기표는 모두 매진되었습니다.

6 到语言大学, 还有几站?
　　어언대학까지 몇 정거장 남았나요?

7 去王府井, 要换车吗?
　　왕푸징에 가려면 차를 갈아타야 하나요?

3　1 A: 到王府井还有几站?
　　B: 还有 4 站。
　　问: 到王府井还有几站?
　　A: 왕푸징까지 몇 정거장 남았나요?
　　B: 네 정거장 남았습니다.
　　질문: 왕푸징까지 몇 정거장 남았는가?

2 A: 你知道去天坛怎么坐车吗?
　　B: 先坐375到西直门换地铁, 然后在崇文

门下车换 54 路。

问: 去天坛要换几次车？

3 A: 5 月 1 号的火车票卖完了，5 月 2 号的可以吗？

B: 可以，要两张。

问: 下面哪种说法不正确？

4 A: 火车几点开，几点到？

B: 晚上 10 点开车，早上 6 点到。

问: 坐火车要多长时间？

Step2 리스닝 실전

[본문 1]

1 1 ✕   2 ○   3 ✕   4 ○

2 二位，语言大学，正门

[본문 2]

1 1 A   2 C   3 B

[본문 3]

1 1 ✕   2 ○   3 ✕   4 ✕   5 ✕
  6 ✕

2 1 9, 30   2 两, 10, 1   3 14   4 499
  5 18:08, 8:08

───{ 본문 1 }───

司　机: 您二位去哪儿？

女　: 我去北京大学，他去语言大学。

司　机: 我们先去哪儿？

女　: 先去语言大学吧。

司　机: 语言大学的哪个门下车？

男　: 正门。

───{ 본문 2 }───

广　播: 列车前方到站是朝阳门站，朝阳门站到了，请您准备下车。

乘　客: 请问，这站是哪儿？

售票员: 朝阳门。

乘　客: 到前门还有几站？

售票员: 还有 4 站。

乘　客: 请问，去王府井，出了地铁，怎么走？

售票员: 从前门到王府井走路要半个多小时呢。

1 1 乘客坐的是什么车？

2 乘客想去哪儿？

3 从前门到王府井走路要多长时间？

───{ 본문 3 }───

A: 我想订一张去上海的火车票。

B: 您要哪天的？

A: 9 月 30 号的。

B: 9 月 30 号的没有了，10 月 1 号的，可以吗？

A: 可以。从北京到上海要多长时间？

B: 14 个小时。

A: 多少钱一张？

B: 499 块。

A: 订两张吧。火车几点开车？几点到上海？

B: 18 点零 8 分开车，8 点零 8 到上海。

2 **1** (1) ✕   (2) ○   (3) ✕   (4) ○
       (5) ✕   (6) ○

   2 同屋，一，9，十点一刻

2 上星期六，我跟我的同屋一起去王府井了。来北京以后，我常常坐出租车。这是我第一次坐公共汽车。早上9点，我们从学校出发了。我们先坐375路，车上人不太多。下了车，我们换地铁。地铁里人非常多，很挤。十点一刻，我们到了王府井。

지난주 토요일에 나는 룸메이트와 함께 왕푸징에 갔다. 베이징에 온 후로 나는 늘 택시를 탔다. 이번에 나는 처음으로 버스를 탔다. 아침 9시에 우리는 학교에서 출발했다. 먼저 375번 버스를 탔는데, 버스에는 사람이 별로 많지 않았다. 버스에서 내려 지하철로 갈아탔는데, 지하철에 사람이 굉장히 많았고 매우 붐비었다. 10시 15분에 우리는 왕푸징에 도착했다.

饮食

06

음식과 음료

Part 1

1 饮料: **绿茶，雪碧**
    肉: **猪肉，鸡肉**
    青菜: **菠菜，青椒**
    主食: **米饭，饺子**

2 1 F   2 G   3 F   4 G   5 G   6 F
    7 G   8 F

3 1 B   2 A   3 B   4 A   5 B   6 B

2 1 现在点菜吗？
    지금 주문하시겠습니까?

   2 来一个大雪碧。
    스프라이트 큰 걸로 하나 주세요.

   3 你们喝点儿什么？
    뭘 마시겠습니까?

   4 小姐，结账。
    아가씨, 계산이요.

   5 小姐，菜单。
    아가씨, 메뉴판 좀 주세요.

   6 还点别的吗？
    더 주문하실 건 없으신가요?

---

   7 要两碗米饭。
    밥 두 공기 주세요.

   8 主食要点儿什么？
    주식은 뭘로 하시겠습니까?

3 1 服务员: 欢迎光临，您要点什么？
       顾 客: 要一个小可乐，一个鸡肉汉堡。
    종업원: 어서오세요. 뭘 드시겠습니까?
    손 님: 콜라 작은 거 하나하고 치킨버거 하나 주세요.

   2 服务员: 在这儿吃吗？
       顾 客: 汉堡、红茶在这儿吃，薯条不在这儿吃。
    종업원: 여기에서 드실 건가요?
    손 님: 햄버거랑 홍차는 여기서 먹을 거고요, 감자튀김은 여기에서 안 먹을 거예요.

   3 顾 客1: 两碗米饭，一碗饺子，我们一起吃，怎么样？
       顾 客2: 多了吧？一碗米饭，一碗饺子吧。
       顾 客1: 好的。
    손 님1: 밥 두 공기하고 물만두 한 접시를 시켜서 같이 먹는 게 어때?
    손 님2: 많지 않아? 밥 한 공기랑 물만두 한 접시만 시키자.
    손 님1: 좋아.

   4 顾 客: 小姐，鱼香肉丝里有青菜吗？
       服务员: 有，有青椒。
    손 님: 아가씨, 어향 돼지고기 볶음에 야채가 들어가나요?
    종업원: 예. 피망이 들어갑니다.

   5 顾 客: 菠菜炒鸡蛋是什么？
       服务员: 就是菠菜和鸡蛋一起炒。
       顾 客: 那就来一个吧。
    손 님: 시금치 계란 볶음이 뭐예요?
    종업원: 말 그대로 시금치랑 계란을 같이 볶는 거예요.
    손 님: 그러면 그걸로 하나 주세요.

   6 服务员: 一个意大利面、一个比萨，没有青菜！
       顾 客: 那再要一个沙拉吧。
    종업원: 스파게티 하나랑 피자 하나 하셨습니다. 그런데 야채가 없네요.
    손 님: 그러면 샐러드 하나 더 주세요.

[본문1]

1 ☑ 宫保鸡丁   18元
    ☑ 菠菜炒鸡蛋   6元
    ☑ 炒饭   5元
    ☑ 米饭   2元
    ☑ 可乐   8元
    ☑ 绿茶   15元

2 (3) 宫保鸡丁

（2）小可乐
（5）炒饭
（4）菠菜炒鸡蛋
（1）绿茶
（6）米饭

[본문2]

2 D

[본문3]

1 ☑ 比萨
  ☑ 意大利面
  ☑ 汤
  ☑ 饮料

2 小比萨　　　　只有两个人
  意大利面　　　很想吃
  沙拉　　　　　太多了
  意大利菜汤　　不喜欢饮料
  雪碧　　　　　喝可乐晚上不想睡觉

──〔 본문1 〕──

顾 客1：小姐，菜单。

服务员：给您。现在点菜吗？

顾 客2：我看一下儿。

服务员：你们喝点儿什么？

顾 客1：要绿茶吧。

顾 客2：再要一个小可乐。

服务员：点什么菜？

顾 客1：来一个宫保鸡丁，再来一个……

顾 客2：菠菜炒鸡蛋。

服务员：主食呢？

顾 客1：我要一个炒饭。

顾 客2：我来一碗米饭。

服务员：好，绿茶，一个小可乐，菜是宫保鸡
　　　　丁和菠菜炒鸡蛋，主食一个炒饭，一
　　　　碗米饭。

──〔 본문2 〕──

小 阳：小云，你想吃麦当劳还是吃肯德
　　　　基？

小 云：我想吃肯德基。你呢？

小 阳：我和你一样。你喜欢肯德基的什么？

小 云：鸡肉汉堡。和麦当劳的不一样。

小 阳：我喜欢肯德基的米饭和鸡蛋汤。

小 云：你是真喜欢肯德基吗？

小 阳：是啊。

小 云：吃米饭和鸡蛋汤去肯德基干什么？饭
　　　　馆的更好吃啊！

小 阳：肯德基是快餐嘛。

2　小阳喜欢吃肯德基的真正原因是什么？

──〔 본문3 〕──

服务员：小姐，现在可以点餐吗？

田 园：好。要一个比萨。

服务员：大的？小的？

李 明：只有我们两个人，小的吧。

田 园：要意大利面吗？

李 明：要吧，我很想吃。沙拉呢？

田 园：太多了吧？我想要一个意大利菜汤，
　　　　我不喜欢饮料。

李 明：我喝雪碧，喝可乐晚上不想睡觉。

田 园：我不要别的了。

李 明：那好。先生，要一个比萨，小的，一
　　　　个意大利面、一个意大利菜汤，再要
　　　　一个雪碧。

服务员：好，我念一下您点的餐：一个小比萨、
　　　　一个意大利面、一个意大利菜汤，饮
　　　　料是一杯雪碧，对吗？

田 园：对。

服务员：饮料要等5分钟，比萨饼要等15到20
　　　　分钟。

Step3 종합문제

1 饮料: 苹果
　　快餐: 馒头
　　面食: 米饭

2 1 ○　　2 ○　　3 ×　　4 ○

---

1 在中国, 年轻人和年纪大的人早饭不太一样。
年轻人喜欢喝牛奶, 咖啡, 吃面包, 年纪大的
人很少喝咖啡, 也不太喜欢面包, 他们喜欢喝
粥, 吃包子、馒头和面条, 不过年纪大的人和
年轻人早饭都不吃米饭, 吃米饭是在中午和
晚上。年轻人喜欢吃快餐, 汉堡包、三明治、
热狗他们吃得很高兴, 可是在肯德基和麦当
劳里你很少看见老人, 年纪大的人更喜欢吃
米饭和炒菜。

<h1>Part 2</h1>

Step1 몸풀기 테스트

1　咸　　　　　凉
　　甜　　　　　淡
　　烫　　　　　腻
　　清淡　　　　苦

2 1 B　　2 A　　3 A　　4 B　　5 B　　6 B

3 1 G　　2 F　　3 G　　4 G　　5 F　　6 G
　　7 F　　8 G

2　1 A: 小姐, 再给一双筷子好吗?

B: 好, 等一下儿。
问: 他们吃什么?

2　A: 来, 一人一个勺子, 喝吧。
B: 给我一把。
问: 他们做什么?

3　A: 一共五个人, 少了一把刀子、一把叉
子。
B: 我去要。
问: 他们要做什么?

4　A: 这个盘子太大了, 换个小的吧。
B: 没关系, 不用换。
问: 为什么换盘子?

5　A: 小姐, 这个面条两个人吃, 给个小碗
好吗?
B: 好的。
问: 他们吃的是什么面条?

6　A: 先生, 这个喝茶的杯子有点儿不太好,
换一个好吗?
B: 给您这个。
问: 什么不太好?

3　1 小姐, 水没了, 再来点儿水。

2 小姐, 这是你要的餐巾纸。

3 还少一个盘子, 我去要。

4 来点儿醋吧, 饺子没醋不好吃。

5 先生, 汤凉了, 给您热一下儿吧。

6 小姐, 菜别太辣了, 我不喜欢辣的。

7　这个菜咸了？好，给您换一个。

8　今天的菜有点儿腻，来点儿茶吧。

Step2　리스닝 실전

[본문1]

1　☑　要餐巾纸
　　☑　再要一双筷子
　　☑　加水
　　☑　要一个盘子

2　1 ○　　2 ○　　3 ×　　4 ×　　5 ○

[본문2]

1　1 B　　2 B　　3 A

[본문3]

2　1　什么请求: **不要米饭了**
　　原因: **太多了**
　　☑　同意

　　2　什么请求: **不要麻婆豆腐了**
　　原因: **快吃完了，可是还没做好**
　　☑　没同意

—— { 본문 1 } ——

李　明: 小姐，我们四个人，只有三个盘子。
服务员1: 来，给您。
田　园: 小姐，有餐巾纸吗？这儿没有餐巾纸。
服务员1: 等一下儿，一会儿给您。
　　　　　……
服务员1: 先生，这是您要的餐巾纸。
李　明: 谢谢。哟，筷子掉了，您再给一双好吗？
服务员1: 小张，5 号桌要一双筷子。
服务员2: 来啦。先生，给您。
田　园: 小姐，水没了，再加点儿水。
服务员2: 好的，您还需要别的服务吗？

—— { 본문 2 } ——

杨　东: 小姐，点菜！
服务员: 您说吧。
杨　东: 一个鱼香肉丝，一个菠菜炒鸡蛋……
高　玲: 鱼香肉丝是辣的。看，菜单上有三个红辣椒呢。
杨　东: 那换一个菜吧。
高　玲: 没关系。哎，小姐，这个菜别太辣了，有一点儿辣就行了。
服务员: 可以。主食要点儿什么？
高　玲: 我不想要了，你呢？
杨　东: 要个饺子吧，我们一起吃。
高　玲: 也行，那就要这些吧。
杨　东: 小姐，醋不多了，再来点儿醋，还有，菜淡一点儿。

—— { 본문 3 } ——

林　光: 小姐，菜要一个宫保鸡丁，一个麻婆豆腐，主食要一碗米饭，一个面条。
服务员: 面条来啦！
田晓雪: 哟，怎么这么多呀，我们两个人能吃完吗？
林　光: 米饭还没来，我们别要了。
田晓雪: 好。小姐，米饭我们不要了，太多了。
服务员: 行。
林　光: 小姐，麻婆豆腐现在还没做好，我们都快吃完了，能不能不要了？
服务员: 我去给你们问一下儿。
　　　　　……
　　　　先生，麻婆豆腐已经做好了。
田晓雪: 那就吃吧。
林　光: 我已经饱了。

Step3 종합문제

1 1个 2个 3个 4双 5把
   6把 7个 8张

2 1○ 2○ 3○ 4× 5×

2 中国人喜欢喝茶,不过,南方人和北方人不太一样。南方人喜欢绿茶,北方人喜欢花茶。绿茶里,龙井茶最有名。龙井是一个地名,在杭州附近。花茶说的是茉莉花茶。不过,最近几年,北京人开始喜欢喝菊花茶了。喝茶不是喝水,要慢慢喝,喝味道,可是大家都很忙,怎么办呢?所以就有了瓶装的绿茶、红茶、乌龙茶。名字一样,可是味道不一样。

중국인들은 차를 마시는 걸 좋아한다. 하지만 남방 사람들과 북방 사람들은 차이가 좀 있다. 남방 사람들은 녹차를 좋아하고 북방 사람들은 화차를 좋아한다. 녹차 중에는 롱징차가 가장 유명하다. 롱징은 지명인데, 항저우 부근에 있다. 화차라고 하면 쟈스민차를 말한다. 하지만 최근 몇 년 들어 베이징 사람들은 국화차 마시는 걸 좋아하기 시작했다. 차를 마시는 건 물 마시는 것과 달라, 천천히 마시면서 맛을 음미해야 한다. 하지만 모두들 바쁜데 어떻게 해야 하나? 병에 담긴 녹차나 홍차, 우롱차가 출시되었다. 하지만 이름은 같지만 맛이 다르다.

爱好和学习  07

취미와 공부

Part 1

Step1 몸풀기 테스트

1 1① 2⑤ 3③ 4② 5④

2 1× 2○ 3× 4○ 5× 6○

3 1B 2C 3A

1 1 我常跟中国学生一起打篮球。
나는 자주 중국 학생과 함께 농구를 한다.

2 晚上,我们一起去唱卡拉OK吧。
저녁에 우리 함께 노래방에 가자.

3 我爸爸的爱好是摄影。
우리 아빠의 취미는 사진 찍기이다.

4 我哥哥喜欢看足球比赛。
우리 형은 축구 경기 보는 것을 좋아한다.

5 周末,我常常去旅行。
주말에 나는 자주 여행을 간다.

2 1 "我喜欢唱歌,他喜欢听歌"意思是"我和他的爱好一样"。
'나는 노래 부르는 것을 좋아하고, 그는 노래 듣는 것을 좋아한다'는 '나와 그의 취미가 같다'는 뜻이다.

2 "我哥哥是个足球迷"意思是"我哥哥很喜欢足球"。
'우리 형은 축구팬이다'는 '우리 형은 축구를 좋아한다'는 뜻이다.

3 "摄影是我爸爸最大的爱好"意思是"我最喜欢摄影"。
'사진 촬영은 우리 아빠가 가장 좋아하는 취미이다'는 '나는 사진 찍는 것을 좋아한다'는 뜻이다.

4 "她很会唱歌"意思是"她唱歌唱得好极了"。
'그녀는 노래 부른 것을 정말 잘한다'는 '그녀는 노래를 정말 잘 부른다'는 뜻이다.

5 "我爸爸喜欢看书,我妈妈喜欢看电视,我的爱好和我爸爸一样"意思是"我也喜欢看电视"。
'우리 아빠는 독서를 좋아하고, 우리 엄마는 텔레비전 보는 것을 좋아하는데, 내 취미는 아빠와 같다'는 '나도 텔레비전 보는 것을 좋아한다'는 뜻이다.

6 "我和同屋常用汉语聊天儿"意思是"我和同屋常说汉语"。
'나와 내 룸메이트는 늘 중국어 이야기한다'는 '나와 내 룸메이트는 항상 중국어 대화한다'는 뜻이다.

3 1 A: 周末,你做什么?
B: 买东西、看书、学汉语……
问: 下面哪一个是会话里没有的?
A: 너는 주말에 뭐하니?
B: 쇼핑하고, 책도 보고, 중국어 공부도 해.
질문: 다음 중 대화에서 언급하지 않은 것은?

2 A: 你会唱中国歌吗?
B: 会唱两首。
问: 说话人唱中国歌唱得怎么样?
A: 너는 중국 노래를 부를 줄 아니?
B: 조금 부를 줄 알아.
질문: 화자의 중국 노래 실력은 어떠한가?

3 A: 玛丽,你会做菜吗?
B: 我很会做菜。
问: 玛丽做的菜怎么样?
A: 메리, 너 요리할 줄 아니?
B: 나 요리 아주 잘해.
질문: 메리가 만든 요리는 어떠한가?

[본문1]
1 1 ○　2 ×　3 ×　4 ○

[본문2]
2 ①, ③, ②, ④

[본문3]
1 1 ○　2 ×　3 ×　4 ×

——{ 본문1 }——

方　方： 我最不喜欢周末了。
大　卫： 为什么，方方？
方　方： 一个人在宿舍，真没意思。
大　卫： 你为什么不出去玩儿？
方　方： 我不会说汉语，也听不懂汉语。
大　卫： 出去玩儿也是学汉语啊。
方　方： 大卫，周末你做什么？
大　卫： 旅行、打篮球、聊天儿……我周末忙极了。

팡　팡: 난 주말이 가장 싫어.
데이빗: 왜 그래, 팡팡?
팡　팡: 혼자 기숙사에 있는 건 정말 재미없어.
데이빗: 왜 나가서 놀지 않고?
팡　팡: 난 중국어도 잘 못하고, 잘 알아듣지도 못하잖아.
데이빗: 밖에 나가서 놀아야 중국어를 배우지.
팡　팡: 데이빗, 넌 주말에 뭐하고 지내?
데이빗: 여행도 하고, 농구도 하고, 수다도 떨고…… . 난 주말에 엄청 바빠.

——{ 본문2 }——

小　李： 玛丽，这些照片怎么样？
玛　丽： 真漂亮。是你照的吗？
小　李： 是，摄影是我最大的爱好。
玛　丽： 对了，小李，这些照片是你用电脑做的吧？
小　李： 对。电脑也是我最大的爱好。
玛　丽： 电脑和摄影，你最喜欢哪一个？
小　李： 我都喜欢，我喜欢用电脑做照片。

샤오리: 메리, 이 사진들 어때?
메　리: 정말 예쁘다. 네가 찍은 거니?
샤오리: 응, 사진 촬영은 내가 가장 좋아하는 취미야.
메　리: 참, 샤오리. 이 사진들은 네가 컴퓨터로 작업한 거지?
샤오리: 응, 컴퓨터도 내가 가장 좋아하는 취미야.
메　리: 컴퓨터와 사진 촬영 중 어떤 것을 더 좋아하니?
샤오리: 컴퓨터로 사진 작업을 하니까 둘 다 좋아하지.

2　小李给玛丽看照片。照片是小李照的，也是小李用电脑做的，非常漂亮。小李很喜欢摄影，也很喜欢电脑。用电脑做照片是小李最大的爱好。

샤오리는 메리에게 사진을 보여 주었다. 사진은 샤오리가 찍어서 컴퓨터로 작업한 것인데, 아주 예쁘다. 샤오리는 사

진 촬영을 좋아하고, 컴퓨터도 좋아한다. 컴퓨터로 사진 작업을 하는 것은 샤오리가 가장 좋아하는 취미이다.

——{ 본문3 }——

张老师： 玛丽，下个月学校有卡拉OK比赛，你参加吧。
玛　丽： 张老师，我唱得不好。
张老师： 方方说，你唱得非常好。
玛　丽： 我是特别喜欢唱歌。
张老师： 你会唱中国歌吗？
玛　丽： 会唱两首。
张老师： 什么歌？
玛　丽： 《朋友》和《月亮代表我的心》。
张老师： 很多学生都唱这两首，你学一首新的吧。
玛　丽： 好的，张老师，您帮我挑一首。

피　터: 메리야, 다음달에 학교에서 노래자랑이 있는데, 너 참가해 봐.
메　리: 장 선생님, 저 노래 잘 못 불러요.
장 선생: 팡팡이는 네가 노래를 무척 잘 부른다고 하던데.
메　리: 전 노래 부르는 걸 무척 좋아해요.
장 선생: 중국 노래 부를 줄 아니?
메　리: 두 곡 부를 줄 알아요.
장 선생: 무슨 노래지?
메　리: 「친구」 와 「달빛이 내 마음을 말해요」요.
장 선생: 많은 학생들이 그 두 곡을 부르니, 새 노래를 한 번 배워보렴.
메　리: 좋아요, 장 선생님. 선생님께서 한 곡 골라 주세요.

1　1 **看书**
　　2 **听音乐**
　　3 **吃饭、说话、唱歌**
　　4 **聊天儿、工作、写信**
　　5 **上网、做照片、工作**

2　1

爸爸的爱好	旅行
妈妈的爱好	唱歌
哥哥的爱好	看书
妹妹的爱好	足球
我的爱好	摄影

　　2 (1) ④　　(2) ⑥, ⑤　　(3) ③　　(4) ②
　　(5) ①

2　我们家每个人都有自己的爱好。我爸爸喜欢摄影，他的照相机非常贵。我哥哥是个足球迷，他常常坐飞机去国外看足球比赛。我妹妹喜欢唱歌，她有500多张CD。我最大的爱好是看书，我有1000多本书。我妈妈说她最喜欢旅行，可是没有时间去。

우리 식구는 모두 각자의 취미가 있다. 아빠는 사진 찍는 걸

좋아하시는데, 아빠의 사진기는 꽤 비싼 것이다. 우리 형은 축구팬이라서 자주 비행기를 타고 외국에 나가 축구경기를 관람한다. 내 여동생은 노래 부르는 것을 좋아하는데, 500장이 넘는 CD를 가지고 있다. 내가 가장 좋아하는 취미는 독서로, 1천여 권의 책을 가지고 있다. 우리 엄마는 여행을 가장 좋아하시지만, 여행 갈 시간이 없다고 하신다.

Part 2

Step1 몸풀기 테스트

1 1 ①　　2 ⑥　　3 ④　　4 ⑨　　5 ⑤
　　6 ③　　7 ②　　8 ⑧　　9 ⑦

2 1 ✕　　2 ○　　3 ○　　4 ✕　　5 ✕

3 1 **C**　　2 **D**　　3 **B**　　4 **D**

1 1 我们明天有四个小时综合课。
우리는 내일 4시간의 종합 수업이 있다.

2 玛丽的发音非常好。
메리의 발음은 매우 좋다.

3 老师今天留了很多作业。
선생님은 오늘 숙제를 많이 내주셨다.

4 我们下星期有考试。
우리는 다음주에 시험이 있다.

5 你们要多练习口语。
너희들은 회화 연습을 많이 해야 한다.

6 下面我们做练习。
다음으로 우리 연습문제를 풀자.

7 我的听力不太好，你再说一遍，可以吗？
저는 리스닝이 잘 안 되요. 다시 한 번 말씀해 주시겠습니까?

8 每天要学习四十多个生词，太多了。
매일 40여 개의 새 단어를 공부해야 한다니, 너무 많다.

9 现在我们开始听写，请大家准备好。
지금부터 받아쓰기를 하도록 하겠습니다. 모두 준비하세요.

2 1 “我们下午一点上课，四点下课” 意思是 “我们下午有四个小时的课”。
'우리는 오후 1시에 수업을 시작해서 4시에 수업을 마친다'는 '우리는 오후에 4시간의 수업이 있다'는 뜻이다.

2 “你教我英语，我教你汉语”意思是 “我们互相学习”。
'너는 나에게 영어를 가르치고, 나는 너에게 중국어를 가르친다'는 '우리는 서로 도와가며 공부한다'는 뜻이다.

3 “今天老师没留作业”意思是“今天我们没有作业”。
'오늘 선생님은 숙제를 내주지 않으셨다'는 '오늘 우리는 숙제가 없다'는 뜻이다.

4 “我们每天上4节课”意思是“我们每天上4门课”。
'우리는 매일 4시간의 수업을 한다'는 '우리는 매일 4과목을 수업한다'는 뜻이다.

5 “明天听写11到15课的生词” 意思是 “明天听写11课和15课的生词”。
'내일은 11과에서부터 15과까지의 새 단어 받아쓰기를 한다'는 '내일 11과와 15과의 새 단어 받아쓰기를 한다'는 뜻이다.

3 1 A: 你觉得汉语难吗？
B: 发音很难，语法不太难，最难的还是写汉字。
问: 说话人觉得什么最难？
A: 너는 중국어가 어렵다고 생각하니?
B: 발음은 어려운데 문법은 그다지 어렵지 않아. 아무래도 한자 쓰기가 가장 어려워.
질문: 화자가 가장 어렵다고 생각하는 것은 무엇인가?

2 A: 明天上课吗？
B: 8点到10点有综合课考试，10点到12点，上听力课。
问: 下面哪种说法正确？
A: 내일 수업 있니?
B: 8시부터 10시까지 종합 수업 시험이 있고, 10시부터 12시까지 듣기 수업이 있어.
질문: 다음 중 녹음 내용과 일치하는 것은?

3 A: 你们有几门课？
B: 三门：综合、口语、汉字。
问: 他们没有什么课？
A: 너희들은 수업이 몇 과목이니?
B: 종합, 회화, 한자 세 과목이야.
질문: 그들에게 없는 수업은?

4 A: 今天老师留什么作业了？
B: 造句、写汉字、做25课的练习。
问: 老师没留什么作业？
A: 오늘 선생님께서 무슨 숙제를 내주셨니?
B: 작문, 한자 쓰기, 25과 연습문제 풀이.
질문: 선생님께서 내지 않은 숙제는?

Step2 리스닝 실전

[본문1]
1 1 ✕　　2 ✕　　3 ✕　　4 ✕　　5 ○

[본문2]
1 1 ✕　　2 ○　　3 ✕　　4 ○　　5 ✕

[본문3]
1 1 ✕　　2 ○　　3 ✕　　4 ✕　　5 ✕

2 综合: 11月9日 / 8：00 / 我们班教室 / 两小时

听力: 11月10日 / 8：00 / 318教室 / 45分钟

口语: 11月11日 / 问口语老师 / 我们班教室 / 15分钟

——[본문 1]——

方　方: 玛丽，你今天去上课了吗？
玛　丽: 去了啊。
方　方: 今天上什么课了？
玛　丽: 口语和综合。
方　方: 口语课学什么了？
玛　丽: 学第 10 课了。
方　方: 综合课学什么了？
玛　丽: 做了 24 课的练习，还学了 25 课的生词。
方　方: 综合课老师留作业了吗？
玛　丽: 没有，老师说明天听写 21 课到 25 课的生词。

팡　팡: 메리야, 너 오늘 수업하러 갔니?
메　리: 갔지.
팡　팡: 오늘 무슨 수업이 있었는데?
메　리: 회화랑 종합 수업.
팡　팡: 회화 시간에 뭘 배웠어?
메　리: 10과를 배웠어.
팡　팡: 종합 시간에는 뭘 배웠는데?
메　리: 24과 연습문제를 풀고, 25과의 새단어도 공부했어.
팡　팡: 종합 수업 선생님께서 숙제 내주셨어?
메　리: 아니, 내일 21과부터 25과까지 새단어 받아쓰기를 할 거라고 하셨어.

——[본문 2]——

A: 我想学习汉语的语法。
B: 用什么书？
A: 用我们综合课的课本吧。你想学什么？
B: 我想练习英语的口语。我们每星期学习几次？
A: 每周三次，你觉得怎么样？
B: 两次吧。最近我们公司比较忙。我们哪天一起学习？
A: 周一和周三，行吗？星期一我教你英语，星期三你教我汉语。
B: 我觉得 7 点到 8 点，我教你汉语；8 点到 9 点，你教我英语比较好。
A: 好吧！

A: 나는 중국어 문법을 공부하고 싶어.
B: 무슨 책으로?
A: 우리 종합 수업 교과서로. 넌 뭘 배우고 싶니?
B: 나는 영어 회화를 공부하고 싶어. 우리 일주일에 몇 번 공부할까?
A: 매주 3번, 네 생각은 어때?
B: 두 번으로 하자. 요즘 우리 회사가 좀 바쁘거든. 우리 무슨 요일에 같이 공부할래?
A: 월요일과 수요일 어때? 월요일은 내가 너에게 영어를 가르치고, 수요일은 네가 나에게 중국어를 가르치고.
B: 내 생각엔 7시부터 8시까지 내가 중국어를 가르치고, 8시부터 9시까지는 네가 영어를 가르치는 게 좋을 것 같은데.
A: 그러자!

——[본문 3]——

学　生: 老师，我们什么时候考试？
老　师: 11 月 9 号到 11 号考试。
学　生: 9 号考什么？
老　师: 9 号考综合、10 号考听力、11 号考口语。
学　生: 9 号到 11 号我们还上课吗？
老　师: 不上课。
学　生: 老师，在我们班教室考试吗？
老　师: 综合和口语在我们班教室，听力在 318 教室。
学　生: 考试几点开始？
老　师: 综合和听力都是 8 点开始，口语考试时间去问口语老师。
学　生: 考试要多长时间？
老　师: 综合考试两个小时，口语考试每人 15 分钟，听力考试 45 分钟左右。

학　생: 선생님, 우리 언제 시험 보나요?
선생님: 11월 9일에서 11일까지 본단다.
학　생: 9일에는 뭘 보나요?
선생님: 9일은 종합, 10일은 듣기, 11일은 회화를 본단다.
학　생: 9일부터 11일까지 수업해요?
선생님: 수업은 안 해.
학　생: 선생님, 우리 교실에서 시험 보나요?
선생님: 종합과 회화는 우리 교실에서 보고, 듣기는 318호실에서 본단다.
학　생: 시험은 몇 시에 시작해요?
선생님: 종합과 듣기는 모두 8시에 시작하고, 회화 시험은 회화 선생님께 여쭤보렴.
학　생: 시험시간은요?
선생님: 종합 시험은 두 시간, 회화 시험은 한 사람에 15분씩, 듣기 시험은 45분 정도야.

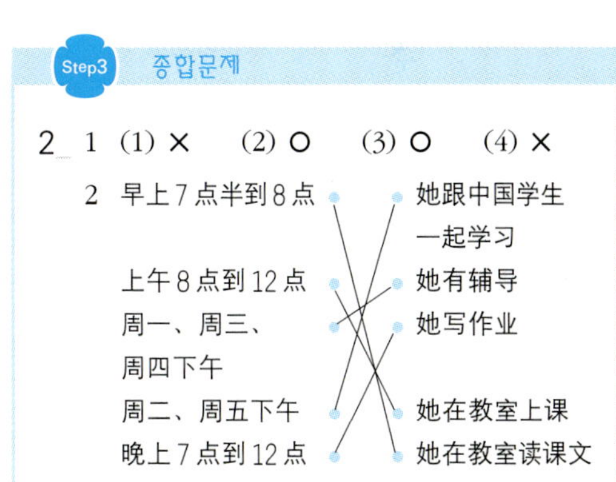

2　方方学习非常努力。她每天早上 6 点起床，7 点半去教室，在教室读课文。8 点到 12 点她有课。周一、周三、周四下午她有辅导。周二和周五下午，她跟中国学生互相学习。每天晚上从 7 点到 12 点，她写作业。方方的作业不太多，可是她写汉字很慢。

方位 

방향

Part 1

Step1 몸풀기 테스트

1
1 作业 — 电脑里边
2 雨伞 — 书中间
3 笔 — 门外边
4 闹钟 — 电话旁边
5 电影票 — 电脑里边
6 手机 — 地图下边

2 1 B　2 B　3 A　4 B　5 A　6 A

3 1 A　2 B　3 B　4 A　5 A

4
1 超市 — 大门左边
2 汽车站 — 网吧右边
3 饭馆 — 麦当劳对面
4 邮局 — 银行后边
5 书店 — 眼镜店前边

1

1 作业在电脑里边。
숙제는 컴퓨터 안에 있다.

2 雨伞在门外边。
우산은 문 밖에 있다.

3 笔在地图下边。
펜은 지도 아래 있다.

4 闹钟在桌子上边。
알람시계는 테이블 위에 있다.

5 电影票在书中间。
영화표는 책 사이에 있다.

6 手机在电话旁边。
휴대폰은 전화기 옆에 있다.

2

1 A: 我的手表呢？
　B: 词典旁边呢。
　问: 手表在哪儿？
　A: 내 손목시계는?
　B: 사전 옆에 있잖아.
　질문: 손목시계는 어디에 있는가?

2 A: 地图怎么没了？
　B: 你看看饭桌上。
　问: 地图在哪儿？
　A: 지도가 없어졌네?
　B: 식탁 위에 봐봐.
　질문: 지도는 어디에 있는가?

3 A: 钥匙在哪儿？
　B: 门上边。
　问: 钥匙在哪儿？
　A: 열쇠는 어디 있어?
　B: 문 위에.
　질문: 열쇠는 어디에 있는가?

4 A: 你知道橡皮在哪儿吗？
　B: 词典中间有一块。
　问: 橡皮在哪儿？
　A: 내 지우개 어디 있는지 아니?
　B: 사전 사이에 하나 있던데.
　질문: 지우개는 어디에 있는가?

5 A: 花儿在窗户里边吗？
　B: 在窗户外边。
　问: 花儿在哪儿？
　A: 꽃은 창문 안쪽에 있어?
　B: 창문 바깥쪽에 있어.
　질문: 꽃은 어디에 있는가?

6 A: CD 没在电脑里呀！
　B: 在作业本下边。
　问: CD 在哪儿？
　A: CD가 컴퓨터 안에 없는데!
　B: 공책 아래 있어.
　질문: CD는 어디에 있는가?

3

1 A: 请问，体育馆在哪儿？
　B: 图书馆对面。
　问: 体育馆在哪儿？
　A: 실례합니다. 체육관이 어디에 있나요?
　B: 도서관 맞은편에 있어요.
　질문: 체육관은 어디에 있는가?

2 A: 我问一下儿，这儿有药店吗？
　B: 有，就在照相馆后边。
　问: 药店在哪儿？
　A: 말씀 좀 물을게요. 이곳에 약국이 있나요?
　B: 네, 사진관 바로 뒤편에 있어요.
　질문: 약국은 어디에 있는가?

3 A: 劳驾，地铁站在哪边？
　B: 那边，必胜客前边。
　问: 地铁站在哪儿？
　A: 죄송한데, 지하철역이 어디 있어요?
　B: 저기 피자헛 앞쪽에요.
　질문: 지하철역은 어디에 있는가?

4 A: 那是小卖部吗？
　B: 不是，在大门左边。
　问: 小卖部在哪儿？
　A: 저곳이 매점인가요?
　B: 아니오, (매점은) 정문 왼쪽에 있어요.
　질문: 매점은 어디에 있는가?

5 A: 你知道网吧在哪儿吗？
　　B: 它的左边是面包店，右边是花店。
　　问: 网吧在哪儿？

4　1　超市在银行后边。

　　2　汽车站在眼镜店前边。

　　3　饭馆在网吧右边。

　　4　邮局在麦当劳对面。

　　5　书店在大门左边。

Step2　리스닝 실전

[본문1]

1　**钥匙 / 桌子上**
　　钱包 / 桌子下边

2　1 ✕　　2 ○　　3 ✕　　4 ○

[본문2]

2
　　　　　　　　　　　● 电脑旁边
　书包 ●———● 床上
　笔记本 ●　　● 笔记本中间
　地图 ●　　● 书包里面
　　　　　　　　　　　● 书架上

[본문3]

1　游泳馆，保龄球馆
　　韩国饭馆，日本饭馆，咖啡馆
　　网吧，超市

2　楼梯对面
　　保龄球馆旁边
　　咖啡馆旁边
　　韩国饭馆和日本饭馆中间
　　电梯旁边

——{ 본문1 }——

陈　红: 哎，我的钥匙呢？

王　刚: 不在你的包里吗？

陈　红: 找了，没有呀。

王　刚: 刚才吃饭的时候桌子上好像有一把钥匙。

陈　红: 钥匙上边是不是有个小狗？

王　刚: 我没注意。

服务员: 哎，小姐，这是你的钥匙吗？

陈　红: 是我的，太谢谢你了。

服务员: 同学，这是你的钱包吧？我在桌子下边捡到的，里边有你的学生证。

王　刚: 是我的。谢谢您啊！

——{ 본문2 }——

A: 你有北京地图吗？

B: 有啊，你要地图干什么？

A: 我想在上边查一个地方。

B: 就在我书包里，你找吧。

A: 书包在哪儿啊？

B: 床上呢。

A: 找到了，可是里边没有地图呀！

B: 书包里有个大笔记本吧？笔记本中间有没有？

A: 哪儿有啊？

B: 那你看看电脑旁边。

A: 电脑旁边也没有。哦，找到了，在对面的书架上呢。

——{ 본문3 }——

陈　红: 先生，我问一下儿，网吧在几层？

保　安: 在三层，楼梯对面。

陈　红: **谢谢啊。**

周　强: 哎，陈红，这个楼有游泳馆吗？

陈　红: 有啊，就在一层，保龄球馆旁边。

周　强: 那这个楼有吃饭的地方吗？

陈　红: 二层有一个韩国饭馆，一个日本饭馆，两个饭馆中间还有一个咖啡馆。

周　强: 对了，我想买点儿东西，这儿有商店吗？

陈　红：不清楚，问问保安吧。先生，这个楼
　　　　里有商店吗？

保　安：三层电梯旁边有个小超市。

周　强：这儿还真方便！

Step3 종합문제

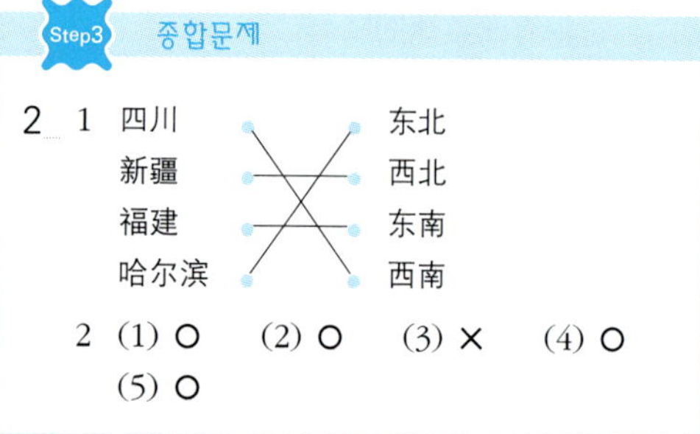

2 1
四川 ———— 东北
新疆 ———— 西北
福建 ———— 东南
哈尔滨 ———— 西南

2 (1) ○　　(2) ○　　(3) ×　　(4) ○
(5) ○

2　我是个喜欢旅行的人，中国的东北、西北、东
南、西南我都去过了。东北我去过哈尔滨。哈
尔滨冬天很冷，可是哈尔滨的冰灯很好看。西
北我去过新疆，新疆的葡萄很好吃，新疆的葡
萄酒也很好喝。四川在西南。在中国，什么地
方都有四川菜，可是，最好吃的还是在四川。
中国的乌龙茶很有名，乌龙茶的家乡 (고향) 就
在东南的福建。我想说的是，要想了解中国，
旅行是最好的办法。

Part 2

Step1 몸풀기 테스트

1　（1）　　（4）　　（3）
　　（2）　　（6）　　（5）

---

2 1 B　　2 A　　3 B　　4 B　　5 A　　6 A
3 1 B　　2 A　　3 A　　4 B　　5 A　　6 B

2　1 A: 请问，地铁站怎么走？
　　　B: 往前走，前边的路口左拐。

　　2 A: 先生，问一下儿，肯德基在哪儿？
　　　B: 前边是一个十字路口，路口的东南角
　　　　就是。

　　3 A: 劳驾，附近有银行吗？
　　　B: 往前走，第二个路口往右拐。

　　4 A: 你知道附近哪儿有药店吗？
　　　B: 这条路走到头儿，往左拐就是。

　　5 A: 请问，这条路到颐和园吗？
　　　B: 你往前走，看见红绿灯别拐弯，再往
　　　　前走，路右边就是。

　　6 A: 这儿离北京大学还远吗？
　　　B: 不远了，过了马路，再往前走一点儿
　　　　就到了。

3　1 请问，百货大楼是在这附近吗？

　　2 去体育馆是往左还是往右？

　　3 小姐，我问一下儿。

　　4 过马路一直走，到头儿左拐。

　　5 劳驾，这里边有银行吗？

　　6 北京大学是在这条路上吗？

[본문1]

2 ___

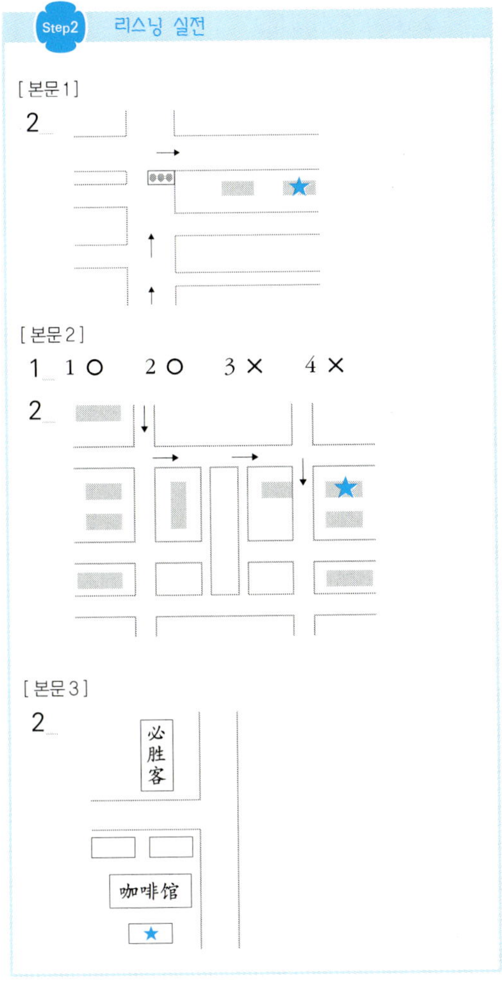

[본문2]

1 1 ○   2 ○   3 ×   4 ×

2 ___

[본문3]

2 ___

——[본문1]——

A: 劳驾, 我问一下儿, 国际邮局怎么走?

B: 在首都电影院附近。你一直往前走, 别拐弯, 看见红绿灯往右拐。再往前走差不多500米, 路右边就是。

A: 我在前边的路口右拐……

B: 不是, 前边有两三个小路口, 都别拐弯, 看见十字路口再拐弯。

A: 噢, 在十字路口拐弯, 往右拐, 再一直往前走就是了。

B: 对对对, 看见首都电影院再往前走一点儿就到了。

A: 从这儿到那儿没有车吗?

B: 有, 可是下了车你还得走, 不方便。

A: 是吗, 谢谢您啦。

A: 죄송하지만 말씀 좀 물을게요. 국제우체국은 어떻게 가나요?

B: 수도극장 부근에 있어요. 계속 앞으로 가세요, 꺾지 마시고, 신호등이 보이면 우회전하세요. 다시 앞으로 500m 정도 가면 길 오른편에 있어요.

A: 앞에 있는 길에서 우회전……

B: 아니요, 앞쪽에 두세 개의 골목이 있는데 꺾지 말고, 사

거리가 보이면 그때 꺾으세요.

A: 아, 사거리에서 꺾는다고요. 우회전해서 다시 앞으로 계속 가면 되는 거군요.

B: 맞아요. 수도극장이 보이면 조금만 더 앞으로 가다보면 도착할 겁니다.

A: 여기서 가는 차는 없나요?

B: 있긴 한데, 차에서 내려서도 걸어야 하니까 불편해요.

A: 그렇군요. 감사합니다.

——[본문2]——

A: 你知道花园路上有一家新开的上海餐厅吗?

B: 知道啊, 怎么? 你要在那儿请客?

A: 不是, 我们同学晚上在那儿聚会。你知道怎么走吗?

B: 很好走。你从公司前边的马路往南走, 到十字路口左拐, 以后在下一个十字路口右拐, 马路东边就是, 它的对面是一个咖啡馆。

A: 好, 我知道了, 先左拐再右拐。

B: 容易找吧?

A: 不过好像不近呀。

A: 화위엔루에 새로 개업한 상하이 음식점 알아?

B: 알지, 왜? 거기서 밥 사게?

A: 아니, 동창생들하고 오늘밤에 거기서 모임이 있어. 혹시 어떻게 가는지 알아?

B: 가기 쉬워. 회사 앞에 있는 길에서 남쪽으로 가다가, 사거리가 나오면 좌회전을 해. 그리고는 다음 사거리에서 우회전하면 길 동쪽편에 있어. 그 맞은편에는 커피숍이 하나 있고.

A: 응, 알겠다. 먼저 좌회전 한 다음 다시 우회전하라고.

B: 찾기 쉽겠지?

A: 그렇지만 가깝진 않겠는데.

——[본문3]——

A: 喂, 你到了吗?

B: 到了。你在哪儿呢?

A: 我也到了, 可是我没找到你说的那个茶馆。

B: 你附近有什么?

A: 我现在在必胜客门口, 对面是一家手机店, 手机店旁边是一家书店。

B: 我知道你在哪儿了。你离我只有100米。

A: 是吗? 那我怎么走?

B: 必胜客旁边有一条往南的路吧?

A: 对。

B: 过马路, 往前走, 往右看, 在咖啡馆后面, 看见我了吗?

A: 여보세요, 너 도착했니?

B: 도착했어. 너 어디 있는 거야?

A: 나도 도착했는데, 네가 말한 그 찻집을 못 찾겠어.

B: 근처에 뭐가 있니?

A: 난 지금 피자헛 앞이야. 맞은편에 휴대폰 가게가 하나 있고, 그 옆엔 서점이 있어.

B: 어디 있는지 알겠다. 너랑 나랑 100m도 안 떨어져 있어.

Step3 종합문제

2 1 ○   2 ×   3 ○   4 ×   5 ×
6 ○

2 我的中国朋友小王请我周末去他家玩儿，我很高兴，我还没去过中国人家里呢。我来中国的时间不长，汉语也不太好，都是和朋友一起出去，而且，也不常坐公共汽车。不过，这次我想试一试 —— 一个人坐公共汽车去中国朋友家。小王给我画了一张地图，下车以后我一边看地图一边问，一共问了三个人。他们说得有点儿快，不过我还是听懂了。看见小王的时候，我高兴极了，我的汉语还不错嘛。

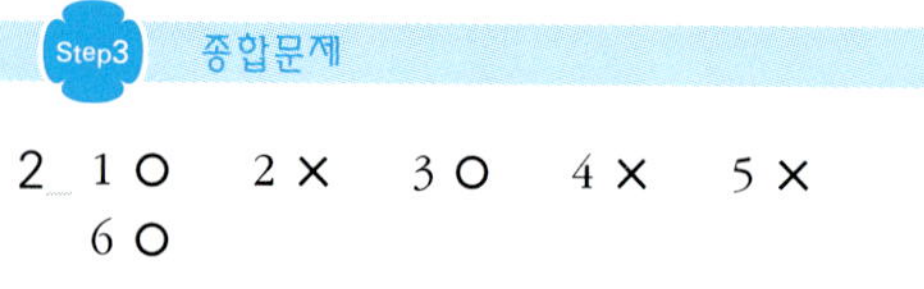

家居和住宿 **09**

Part 1

Step1 몸풀기 테스트

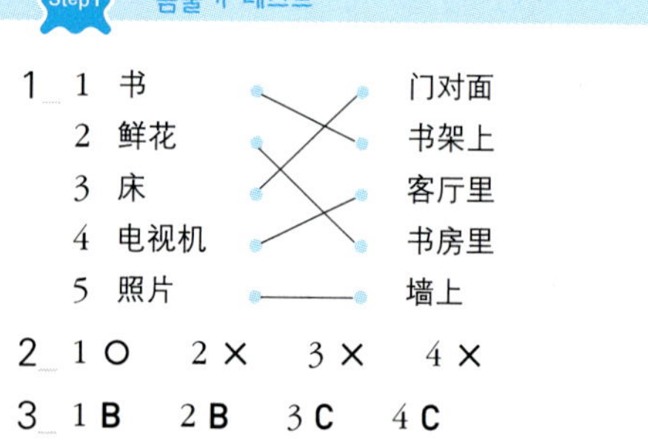

1 1 书 ——— 书架上
2 鲜花 ——— 门对面
3 床 ——— 书房里
4 电视机 ——— 客厅里
5 照片 ——— 墙上

2 1 ○   2 ×   3 ×   4 ×

3 1 B   2 B   3 C   4 C

1 1 书在书架上。
책은 책꽂이에 있다.

---

2 鲜花在书房里。
꽃은 서재에 있다.

3 床在门对面。
침대는 문 맞은편에 있다.

4 电视机在客厅里。
텔레비전은 거실에 있다.

5 照片在墙上。
사진은 벽에 있다.

1 1 "书房在客厅的左边" 意思是 "客厅在书房的右边"。
'서재는 거실의 왼쪽에 있다'는 '거실은 서재 오른쪽에 있다'는 뜻이다.

2 "24小时热水" 意思是 "两点到四点有热水"。
'24시간 온수'는 '2시부터 4시까지 온수가 나온다'는 뜻이다.

3 "服务台可以买电话卡" 意思是 "服务员卖电话卡"。
'프런트에서 전화카드를 살 수 있다'는 '종업원이 전화카드를 판다'는 뜻이다.

4 "墙上都是我爸爸照的照片" 意思是 "墙上有很多我爸爸的照片"。
'벽에 있는 것은 모두 아빠가 찍은 사진이다'는 '벽에는 아빠의 사진이 아주 많이 있다'는 뜻이다.

3 1 A: 书架和写字台放在哪儿？
B: 写字台放在窗户前边，书架放在写字台右边。
问: 下边哪种说法正确？
A: 책꽂이와 책상은 어디에 놓을까?
B: 책상은 창문 앞에 놓고, 책꽂이는 책상 오른쪽에 둬.
질문: 다음 중 녹음 내용과 일치하는 것은?

2 A: 照片上的人是你吗？
B: 哪儿啊，那是我哥哥。
问: 这是谁的照片？
A: 사진에 있는 사람이 너야?
B: 아니, 그건 우리 형이야.
질문: 이것은 누구의 사진인가?

3 A: 花儿放在我的书房里，行吗？
B: 不行，花儿是我买的，我要放在厨房里。
问: 花儿放在哪儿？
A: 꽃을 내 서재에다 놓아도 될까?
B: 안 돼. 꽃은 내가 샀으니까 주방에 둘 거야.
질문: 꽃은 어디에 놓을 것인가?

4 A: 我想买这两把椅子，这张桌子，还有那个书架。
B: 书架别买了，椅子买四把吧。
问: 说话人要买什么？
A: 나는 이 의자 두 개와 탁자, 그리고 저 책꽂이를 사고 싶어.
B: 책꽂이는 사지 말고, 의자는 네 개 사자.
질문: 화자는 무엇을 사려고 하는가?

[본문1]

1 1 **C**　　2 **B**　　3 **A**　　4 **A**

2 ②, ①, ④, ①, ③

[본문2]

1 1 ○　　2 ×　　3 ○　　4 ×　　5 ×

2 1 **服务台**　　2 **300**　　3 **6, 12, 5, 9**

[본문3]

1 1 **A**　　2 **B**　　3 **C**　　4 **A**

——{ 본문 1 }——

A: 床放在哪儿?

B: 放在这儿。

A: 衣柜放在哪儿?

B: 放在床对面。

A: 写字台放在窗户前边，可以吗?

B: 可以。

A: 书架放在哪儿?

B: 放在写字台右边。

A: 这两把椅子呢?

B: 一把放在写字台前边，一把放在写字台左边。

A: 침대는 어디에 둘까?
B: 여기다 둬.
A: 옷장은 어디에 둘까?
B: 침대 맞은편에.
A: 책상은 창문 앞에 두면 되니?
B: 응.
A: 책꽂이는 어디에 둘까?
B: 책상 오른쪽에 둬.
A: 의자 두 개는?
B: 하나는 책상 앞에 두고, 하나는 책상 왼편에 둬.

1 1 房间里没有什么?
　　방 안에 없는 것은 무엇인가?

　　2 衣柜在哪儿?
　　옷장은 어디 있는가?

　　3 书架放在哪儿?
　　책꽂이는 어디 두었는가?

　　4 椅子没放在哪儿?
　　의자를 놓지 않은 곳은 어디인가?

2 衣柜放在床的对面，写字台放在窗户前边，书架放在写字台右边，两把椅子，一把放在写字台前边，一把放在写字台左边。

옷장은 침대 맞은편에 있고, 책상은 창문 앞에 있고, 책꽂이는 책상 오른쪽에 있다. 의자 두 개 중 하나는 책상 앞에 있고, 다른 하나는 책상 왼쪽에 있다.

——{ 본문 2 }——

A: 房间里有电话吗?

B: 有，电话卡在服务台买。

A: 可以上网吗?

B: 可以，上网费每月300块，和房费一起交。

A: 电视、空调、冰箱，房间里都有吧。

B: 有电视和空调，没有冰箱。

A: 24 小时都有热水吗?

B: 晚上6点到12点，早上5点到9点有热水。

A: 방에 전화가 있습니까?
B: 있습니다. 전화카드는 프런트에서 구입하시면 됩니다.
A: 인터넷을 할 수 있나요?
B: 네, 인터넷 사용료는 매달 300위안이고, 방세와 함께 내시면 됩니다.
A: 방에 텔레비전, 에어컨, 냉장고는 모두 있죠?
B: 텔레비전과 에어컨은 있는데, 냉장고는 없어요.
A: 온수가 24시간 제공되나요?
B: 저녁 6시부터 12시까지, 아침 5시부터 9시까지 제공됩니다.

——{ 본문 3 }——

张老师: 玛丽、大卫，快请进!

玛　丽: 张老师，这是我送您的鲜花。

大　卫: 这是我画的画儿，送给您。

张老师: 真漂亮! 谢谢你们!

玛　丽: 您家的客厅可真大。

大　卫: 书柜里的书真多啊! 都是您的吗?

张老师: 这些书都是我爱人的，我的书在书房里。

玛　丽: 您家的画儿真多。

张老师: 我和我爱人都喜欢画儿。

大　卫: 这张照片上的姑娘真漂亮，是您女儿吧?

张老师: 哪儿啊，那是我年轻的时候。

장 선생님: 메리, 데이빗, 어서 들어오거라!
메　리: 장 선생님, 이건 제가 드리는 꽃이에요.
데이빗: 이건 제가 그린 그림인데요, 선생님 드리는 거예요.
장 선생님: 예쁘구나! 정말 고맙다!
메　리: 선생님 댁의 거실은 정말 넓네요.
데이빗: 책꽂이에 책이 정말 많네요! 모두 선생님 거예요?
장 선생님: 이 책들은 우리 남편 거야. 내 책은 서재에 있어.
메　리: 그림도 정말 많네요.
장 선생님: 나와 남편 둘 다 그림을 좋아하거든.
데이빗: 이 사진의 소녀는 참 예쁘네요, 선생님 따님이신가 봐요?
장 선생님: 아니, 그건 내가 젊었을 때야.

1 1 玛丽送给张老师什么礼物?
　　메리는 장 선생님에게 무슨 선물을 드렸나?

　　2 张老师的书在哪儿?
　　장 선생님의 책은 어디에 있는가?

　　3 客厅里有很多什么?
　　거실에는 무엇이 많이 있나?

　　4 照片上的姑娘是谁?
　　사진에 있는 소녀는 누구인가?

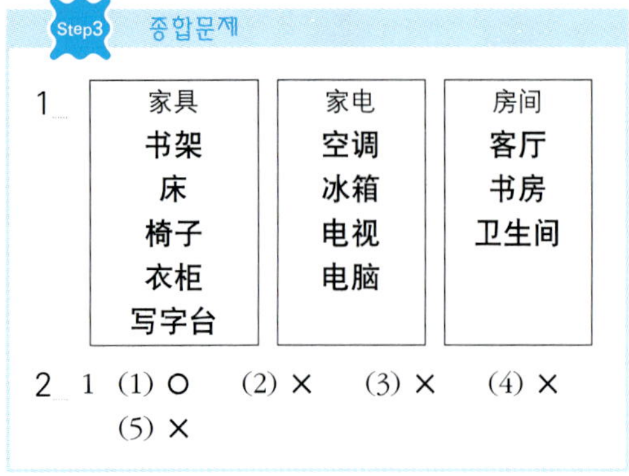

2 我家的房子非常大，有两层。一层有客厅、书房、厨房、餐厅和客人住的房间。二层是家人住的地方。我爸爸妈妈的房间最大。我哥哥的房间也很大。不过他最近很少在家里住。我的房间最小，里边有很多东西，有床、衣柜、沙发、写字台；有电话、电视、空调、冰箱、电脑、录音机；墙上还有很多照片，他们都是我喜欢的歌手的照片。

우리 집은 이층집으로, 집이 상당히 크다. 일층에는 거실, 서재, 주방, 식당과 손님용 방이 있다. 이층에는 가족들이 산다. 우리 부모님 방이 가장 크다. 우리 오빠 방도 넓다. 하지만 오빠는 요즘 거의 집에 살지 않는다. 내 방이 가장 작은데, 안에 물건이 매우 많다. 침대, 옷장, 소파, 책상이 있고, 전화, 텔레비전, 에어컨, 냉장고, 컴퓨터, 녹음기도 있다. 벽에는 또 사진이 많이 걸려 있는데, 모두 내가 좋아하는 가수들의 사진이다.

Part 2

1 1 我家的房子非常大。
우리 집은 매우 넓다.

2 那家超市的东西特别便宜。
그 슈퍼마켓의 물건은 엄청 싸다.

3 租两居室要 3000 块左右。
방 두 칸짜리 집을 빌리려면, 3천 위안 정도의 돈이 필요하다.

4 学校里的环境很好。
학교 내부의 환경은 아주 좋다.

5 房租一个月 3500 块。
방세는 한 달에 3천5백 위안이다.

6 小区附近有邮局、银行。
동네 부근에는 우체국과 은행이 있다.

2 1 "两居室"意思是"有两个房间的一套房子"。
'방 두 칸짜리 집'은 '방이 두 개인 집 한 채'를 말한다.

2 "小区里边的环境很好"意思是"小区附近有商店、银行、邮局、学校"。
'동네 환경이 좋다'는 '동네 부근에 상점, 은행, 우체국, 학교가 있다'는 뜻이다.

3 "不用再商量了"意思是"我们以后商量"。
'더 이상 상의할 필요가 없다'는 '우리 나중에 상의하자'는 뜻이다.

4 "小区附近有很多餐厅"意思是"这个小区出去吃饭非常方便"。
'동네 부근에는 식당이 많다'는 '이 동네에는 나가서 밥 먹기가 매우 편리하다'라는 뜻이다.

5 "租自行车"和"借自行车"意思一样。
'자전거를 (어느 기간동안) 빌리다'는 '자전거를 (잠시) 빌리다'와 같은 뜻이다.

3 1 A: 我们怎么交房租？
B: 我们轮流交，1 月我交，2 月你交，3 月我交……
问：4 月谁交房租？
A: 우리 집세를 어떻게 낼까？
B: 우리 교대로 내자. 1월은 내가 내고, 2월은 네가 내고, 3월은 내가 내고.
질문: 4월에는 누가 집세를 내야 하는가？

2 A: 房租一个月多少钱？
B: 3000 块，我们一人一半。
问：说话人分别交多少钱房租？
A: 집세는 한 달에 얼마지？
B: 3천 위안인데, 우리 각자 반반씩 내자.
질문: 화자들은 집세를 각각 얼마씩 내는가？

3 A: 一共有几个房间？
B: 3 个，大房间 20 平米，两个小房间都是 12 平米。
问：房间有多大？
A: 방이 모두 몇 개야？
B: 세 개야, 큰 방은 20㎡고, 작은 방 두 개는 모두 12㎡야.
질문: 방 크기는 얼마인가？

4 A: 你住的小区方便吗？
B: 小区附近有银行、邮局、超市，很方便。
问：小区附近没有什么？
A: 네가 사는 동네는 편리하니？
B: 동네 근처에 은행, 우체국, 슈퍼마켓이 있어서, 아주 편리해.
질문: 동네 근처에 없는 것은 무엇인가？

[본문1]

1 1× 2○ 3○ 4× 5×

[본문2]

1 1× 2○ 3○ 4× 5×

1　1 B　　2 A　　3 C　　4 B　　5 C

2　房子　　　　　　　　　　11 ㎡
　　　大房间　　　　　　　　　17 ㎡
　　　小房间　　　　　　　　　22 ㎡
　　　客厅　　　　　　　　　　70 ㎡

——{ 본문 1 }——

玛　丽: 大卫, 你搬到哪儿了?

大　卫: 我的韩国朋友租了一套房子, 他请我跟他一起住。

玛　丽: 你觉得在学校宿舍住好, 还是在外边租房子好?

大　卫: 我觉得租房子好。

玛　丽: 为什么?

大　卫: 我每天可以自己做饭吃, 有家的感觉。

玛　丽: 还有吗?

大　卫: 不用再担心 12 点关门了。

玛　丽: 房租贵吗?

大　卫: 一个月 3000 块, 我和朋友一人一半。

메 리: 데이빗, 너 어디로 이사했니?

데이빗: 내 한국 친구가 집 한 채를 빌렸는데, 나보고 함께 살자고 했어.

메 리: 너는 학교 기숙사에서 사는 게 좋아, 아니면 밖에서 세를 얻어서 사는 게 좋아?

데이빗: 내 생각엔 세를 얻어 사는 게 나은 것 같아.

메 리: 어째서?

데이빗: 매일 음식을 만들어 먹을 수 있으니, 집같은 기분이 들잖아.

메 리: 그리고?

데이빗: 12시에 문 잠길 걱정을 할 필요도 없고.

메 리: 집세는 비싸니?

데이빗: 한 달에 3천 위안이야. 친구와 반반씩 내기로 했어.

——{ 본문 2 }——

玛　丽: 王老师, 您住的小区买东西方便吗?

王老师: 小区门口就有一家大超市, 很方便。

玛　丽: 从小区到学校坐车方便吗?

王老师: 要换三次车, 小区附近出租车也很少。

玛　丽: 小区里边的环境怎么样?

王老师: 非常漂亮, 晚上, 我常和爱人一起在小区里散步。

玛　丽: 那您为什么总说想搬家啊?

王老师: 我女儿明年上学, 可是小区附近没有学校。

메 리: 왕 선생님, 선생님이 사시는 동네는 물건 사기가 편리한가요?

왕 선생님: 동네 입구에 큰 슈퍼마켓이 있어 매우 편리하지.

메 리: 동네에서 학교까지 차 타기도 편리해요?

왕 선생님: 차를 세 번 갈아타야 하고, 동네 부근에 택시도 별로 다니지 않아.

메 리: 동네 환경은 어떤가요?

왕 선생님: 아주 예쁘지. 저녁에 나는 자주 아내와 함께 동네를 산책하곤 해.

메 리: 그러면 선생님께서는 왜 늘 이사하고 싶다고 말씀하시는 거죠?

왕 선생님: 내 딸애가 내년에 학교에 입학하는데, 그 부근엔 학교가 없어.

——{ 본문 3 }——

小　王: 学院路两居室出租, 联系电话: 1390 1351088。联系人: 张先生。小李, 我们打个电话问问。

小　李: 好的。13901351088, 喂, 张先生吗? 你好, 我想租房子。

张先生: 您好, 您好。

小　李: 请问, 房子在学院路的什么地方?

张先生: 学院路的麦当劳, 您认识吧。就在麦当劳后边的小区里。

小　李: 几层啊?

张先生: 10 层, 1004 号。

小　李: 有几个房间啊?

张先生: 两居室 70 平米, 大房间 22 平米, 小房间 11 平米。

小　李: 客厅大吗?

张先生: 17 平米左右吧。

小　李: 房租一个月多少钱?

张先生: 一个月 4000。

小　李: 太贵了, 3000 怎么样?

张先生: 这样吧, 您先看看房子, 房租咱们再商量。

샤오왕: '쉬에위엔루 방 두 칸짜리 집 세놓음. 연락처 1390 1351088, 장 선생에게 연락 바람.' 샤오리, 우리 한번 전화해서 물어보자.

샤오리: 좋아. 13901351088. 여보세요, 장 선생님이신가요? 안녕하세요, 저는 집을 세 얻으려고 하는데요.

장 선생: 네, 안녕하세요.

샤오리: 그런데 방은 쉬에위엔루의 어느 쪽에 있나요?

장 선생: 쉬에위엔루에 있는 맥도날드 아시죠? 맥도날드 바로 뒤에 있는 동네에요.

샤오리: 몇 층인가요?

장 선생: 10층이고, 1004호예요.

샤오리: 방이 몇 개죠?

장 선생: 방 두 개짜리 집이고 70㎡예요. 큰방은 22㎡, 작은 방은 11㎡고요.

샤오리: 거실은 넓은가요?

장 선생: 17㎡ 정도예요.

샤오리: 집세는 한 달에 얼마인가요?

장 선생: 한 달에 4천 위안이에요.

샤오리: 너무 비싸다. 3000 위안에 안 되나요?

장 선생: 이렇게 하죠. 먼저 와서 집을 보세요. 집세는 다시 상의하도록 하죠.

1　1 租房子的电话号码是多少?
　　세놓는 사람의 전화번호는 몇 번인가?

　　2 房子在学院路的什么地方?
　　집은 쉬에위엔루의 어느 쪽에 있는가?

3 房间在几层？
집은 몇 층에 있는가?

4 房间号码是多少？
집 호수는 어떻게 되는가?

5 房租是多少？
집세는 얼마인가?

1 1 你喜欢白色还是黑色？
2 你觉得韩国菜好吃还是日本菜好吃？
3 口语难还是听力难？
4 你穿这件还是那件？

2 1 玛丽　　　　　宾馆　　　　　一天7美元
　方方和毛毛　　租房子　　　　一天180元
　大卫　　　　　学校的宿舍　　一个月2500元

2 (1) ✕　　(2) ✕　　(3) ○　　(4) ✕
　(5) ✕

2 玛丽住在学校的宿舍，两个人一个房间。宿舍费每人一天7美元。大卫住在学校附近的宾馆，他住的房间一天240块。不过，他跟经理说他要住半年，经理给他便宜了一点儿，每天180块。毛毛和方方一起在学校外边租了一套两居室，房租是2500块。毛毛住大房间，她交1300块，方方住小房间，她交1200块。

메리는 2인 1실의 학교 기숙사에서 살고 있다. 학교 기숙사비는 한 사람당 하루에 7달러이다. 데이빗은 학교 부근의 호텔에서 사는데 그가 묵고 있는 방은 하루에 240위안이다. 하지만 매니저에게 반 년을 살 것이라고 해서 180위안으로 할인받았다. 마오마오와 팡팡은 학교 밖에 방 두 칸짜리 집을 빌렸는데, 방세는 2천5백 위안이다. 마오마오는 큰 방을 써서 1천3백 위안을 내고, 팡팡은 작은 방을 써서 1천2백 위안을 낸다.

生活服务　10

Part 1

 2 1 Z　2 G　3 G　4 Z　5 G　6 Z
 3 1 A　2 B　3 B　4 A　5 B　6 B
　7 B　8 A

2 1 请您填个单子。
표를 기입해 주세요.

2 我取1000。
저는 1천 위안을 찾고 싶습니다.

3 先生，我开个户。
저기요, 계좌를 개설하려고 합니다.

4 输一下儿您的密码。
비밀번호를 입력해 주세요.

5 填完了，给您。
다 썼어요, 여기요.

6 您在这儿签一下儿名字。
이곳에 서명해 주세요.

3 1 A: 小姐，我开个户。
　B: 您先填个单子。
A: 아가씨, 계좌를 개설하려고 하는데요.
B: 먼저 이 표를 기입해 주세요.

2 A: 我问一下儿，用卡取钱要填单子吗？
　B: 不用，您给我卡就行了。
A: 말씀 좀 물을게요. 카드로 돈을 찾을 때에도 표를 써야 합니까?
B: 필요 없어요. 제게 카드만 주시면 됩니다.

3 A: 我想办张卡。
　B: 您先填张单子吧。您带护照了吗？
A: 카드를 만들려고 하는데요.
B: 먼저 표를 기입해 주세요. 여권은 가지고 오셨죠?

4 A: 您的密码输错了，请再输一遍。
　B: 是吗？密码是六位吗？
A: 비밀번호를 잘못 입력하셨습니다. 다시 한 번 입력해 주세요.
B: 그래요? 비밀번호는 여섯 자리죠?

5 A: 请按一下儿确认键。
　B: 什么？您再说一遍。
A: 확인키를 눌러 주세요.
B: 네? 다시 한 번 말씀해 주세요.

6 A: 您在上边签一下儿名字。
　B: 在这儿写行吗？
A: 위에다 서명해 주세요.
B: 여기다 하면 되나요?

7 A: 在这儿填上您的护照号码。
　B: 哟，我忘带护照了。
A: 여기에다 여권번호를 적으세요.
B: 아이쿠, 여권 가져오는 걸 깜박했네요.

8 A: 我交手机费。
　B: 请说一下儿您的手机号。
A: 휴대폰 요금을 내려고요.
B: 휴대폰 번호를 말씀해 주세요.

[본문1]
2 1 ○　2 ○　3 ✕　4 ✕　5 ○

[본문2]

1　☑ 换钱
　　☑ 输密码
　　☑ 签名

2　1 ✕　　2 ○　　3 ✕　　4 ○

[본문3]

1　1 C　　2 A　　3 C　　4 D

—{ 본문1 }—

大　卫: 小姐, 我有钱要从美国寄过来, 我想
　　　　开个户。
营业员: 您先填个单子。带护照了吗?
大　卫: 带了。我问一下儿, 这个存折可以存
　　　　人民币吗?
营业员: 可以。请你在这儿填一下儿姓名、住
　　　　址、电话和护照号码。
大　卫: 小姐, 填完了。
营业员: 要密码吗?
大　卫: 要。
营业员: 请输六位数字, 然后按确认键。再输
　　　　一遍, 好了。你得先存十块钱。
大　卫: 给。
营业员: 好了, 给您存折。

데이빗: 아가씨, 제가 미국에서 송금받을 돈이 있어서, 계좌
　　　　를 개설하려고 하는데요.
영업원: 먼저 표를 작성해 주세요. 여권은 가져오셨나요?
데이빗: 가져왔어요, 좀 물어볼게요. 이 통장에 인민폐도 저
　　　　금할 수 있나요?
영업원: 가능합니다. 이 표에 이름과 주소, 전화번호, 여권
　　　　번호를 기입해 주세요.
데이빗: 아가씨, 다 썼어요.
영업원: 비밀번호를 만드실 건가요?
데이빗: 네.
영업원: 여섯 자리 숫자를 입력하신 다음 확인키를 눌러 주
　　　　세요. 다시 한 번 눌러주세요. 됐습니다, 먼저 10위
　　　　안을 입금하셔야 합니다.
데이빗: 여기요.
영업원: 됐습니다. 여기 통장이요.

—{ 본문2 }—

玛　丽: 先生, 我换 300 美元。
营业员: 请输一下儿密码。
玛　丽: 我只取出来1500元, 其他的还存在里
　　　　边。
营业员: 密码输得不对, 再来一遍。
玛　丽: 是吗? 噢, 我输错了。现在对了吗?
营业员: 好了, 你在这儿签一下儿名儿。
玛　丽: 给。
营业员: 钱拿好, 欢迎下次再来。

메　리: 저기요, 3백 달러를 환전하려고 하는데요.
영업원: 비밀번호를 입력해 주세요.
메　리: 1천5백 위안만 찾고요, 나머지는 통장에 넣어 주세
　　　　요.

영업원: 비밀번호를 잘못 입력하셨네요. 다시 한 번 입력해
　　　　주세요.
메　리: 그래요? 아, 잘못 입력했네요. 이번엔 맞죠?
영업원: 됐습니다. 여기에다 서명해 주세요.
메　리: 여기요.
영업원: 돈 여기 있습니다. 다음에 또 방문해 주세요.

—{ 본문3 }—

A: 请问, 附近有自动取款机吗?
B: 有好几个呢。你的卡是哪个银行的?
A: 商业银行的。
B: 商业银行的没有, 有工商银行的、华夏银
　　行的、建设银行的。
A: 那我的卡可以在工商银行的机器上用
　　吗?
B: 可以, 不过取一次要交两块钱的手续费。
A: 也行啊。那边大门口的是工商银行的机
　　器吗?
B: 不是, 工商银行的在对面的楼里。

A: 죄송합니다만 이 부근에 현금 자동인출기가 있나요?
B: 여러 군데 있어요. 어느 은행 카드인데요?
A: 상업은행 카드예요.
B: 상업은행 기기는 없어요. 공상은행, 화샤은행, 건설은행
　　게 있어요.
A: 그럼 제 카드로 공상은행 기기에서 사용할 수 있나요?
B: 사용할 수 있어요. 하지만 한 번 인출하는 데 2위안의
　　수수료를 지불해야 해요.
A: 그래도 괜찮아요. 저 정문 쪽에 있는 것이 공상은행 기
　　기인가요?
B: 아니요. 공상은행은 맞은편 건물에 있어요.

1　1 附近有自动取款机吗?
　　근처에 현금 자동인출기가 있나?

　2 说话人的卡是哪个银行的?
　　화자의 현금카드는 어느 은행 것인가?

　3 说话人的卡可以在别的银行的机器上用
　　吗?
　　화자의 카드는 다른 은행 기기에서 사용할 수 있는가?

　4 工商银行的机器在哪儿?
　　공상은행의 기기는 어디에 있는가?

Step3　종합문제

1　1 填　　2 办　　3 开　　4 签　　5 输
　　6 交　　7 按　　8 查

2　1 ✕　　2 ✕　　3 ○　　4 ○　　5 ✕

1　朋友从云南旅行回来, 给我讲了他在旅行的
　　时候遇到的人和事, 还给我看了他在云南照
　　的照片, 所以我也很想去云南旅行一次, 我决
　　定开始攒钱。我先去银行开了一个户存旅行
　　费, 然后我去做家教, 有时候也去朋友的公司
　　帮忙。慢慢地, 我存折上的钱多了。半年以后,

我的钱终于够了. 暑假里我去了云南, 玩儿得非常开心, 我和朋友一样, 也遇到了很多有意思的人和事.

Part 2

Step1 몸풀기 테스트

1	1 G	2 G	3 F	4 F	5 G	6 F
2	1 A	2 B	3 A	4 B	5 B	6 A
3	1 A	2 B	3 A	4 A	5 B	6 B

1

1 这儿可以打印吗?
여기서 워드 작업을 할 수 있나요?

2 这张照片洗三张, 这张有几个人洗几张.
이 사진은 세 장 현상해 주시고, 이 사진은 사람 수대로 현상해 주세요.

3 这儿上一小时网6块, 你上了一个半小时, 给9块吧.
이곳은 인터넷 사용이 1시간에 6위안입니다. 1시간 반을 사용했으니 9위안 주세요.

4 最近客人特别多, 空房间已经没有了.
최근에 손님이 엄청 많아서, 빈방이 없다.

5 我要照一张两寸的彩照.
나는 2인치 크기의 컬러 사진 한 장을 찍으려고 합니다.

6 A4纸复印一张5毛, B5纸复印一张4毛, 你复印几张?
A4용지 1장 복사하는데 5마오이고, B5용지 1장은 4마오입니다. 몇 장 인쇄하시겠어요?

2

1 A: 这张不太清楚, 再印一张吧.
B: 颜色是有点儿浅.
A: 이것은 너무 흐려요. 다시 한 장 복사해 주세요.
B: 색깔이 좀 옅긴 하네요.

2 A: 有安静一点儿的包间儿吗?
B: 您几个人?
A: 좀 조용한 특실 있나요?
B: 몇 분이시죠?

3 A: 我房间的灯坏了, 能不能上来修一下儿?
B: 好, 我们马上过去.
A: 제 방의 등이 고장났습니다. 오셔서 좀 수리해 주시겠어요?
B: 네, 바로 가겠습니다.

4 A: 这件衣服着急穿, 能不能快点儿洗?
B: 今天晚上取行吗?
A: 이 옷은 급히 입어야 하니, 좀 빨리 세탁해 주실 수 있나요?
B: 오늘 저녁에 찾아가시면 되겠습니까?

5 A: 我想订一张8月5号去上海的机票.
B: 您稍等.
A: 8월 5일 상하이행 비행기 티켓을 한 장 예매하려고 합니다.
B: 잠시 기다리세요.

6 A: 特快专递寄到广州要多长时间?
B: 一般是两天.
A: 광저우까지 특급우편으로 가면 시간이 얼마나 걸리나요?
B: 대개 이틀이면 돼요.

3

1 A: 这儿可以打日文吗?
B: 可以, 英文、日文、韩文都行.
A: 여기에서 일본어 워드 작업이 가능한가요?
B: 그럼요. 영어, 일본어, 한국어 모두 가능해요.

2 A: 在那儿洗相片几天取?
B: 两三天吧.
A: 저기서 사진을 현상하면 며칠이나 걸리나요?
B: 이삼 일 정도일 걸요.

3 A: 他们说座位已经都订完了.
B: 是吗? 那我们换个地方吃吧.
A: 좌석이 모두 예약되었다고 하는데요.
B: 그래요? 그럼 우리 다른 데 가서 먹죠.

4 A: 东西几天能到?
B: 他们说飞机一个星期, 船一个月.
A: 물건이 며칠이면 도착한대?
B: 항공운송은 일주일, 선박은 한 달이 걸린대.

5 A: 洗一件大衣50块, 不过你逛完商店就可以穿上干净的衣服了.
B: 还真方便!
A: 외투 한 벌 세탁하는 데 50위안이지만, 상점을 한 바퀴 돌고 오면 바로 깨끗한 옷을 입을 수 있어.
B: 정말 편하구나!

6 A: 这儿有洗衣机, 在服务台可以买洗衣卡.
B: 太好了.
A: 이곳에 세탁기가 있고요, 프런트에서 세탁카드를 구입하실 수 있어요.
B: 잘됐네요.

Step2 리스닝 실전

[본문1]
| 2 | 1 ○ | 2 × | 3 ○ | 4 ○ | 5 × |
| | 6 × | | | | |

[본문2]
| 2 | 1 ○ | 2 × | 3 ○ | 4 × | 5 ○ |

[본문3]

2 1 ○   2 ×   3 ○   4 ×   5 ○
   6 ×

——[본문 1]——

店　员: 您照相啊？
顾　客: 照相，也洗相片。
店　员: 您要照多大的？
顾　客: 一寸的。
店　员: 黑白的还是彩色的？一共要几张？
顾　客: 彩色的，要十张。
店　员: 那就再多洗两张。
顾　客: 好。这是要洗的胶卷。
店　员: 一样洗一张，是吗？
顾　客: 对。洗一卷儿多少钱？
店　员: 19块8。
顾　客: 什么时候能取？
店　员: 明天下午。
顾　客: 快一点儿行吗？
店　员: 行，你今天晚上来吧。
顾　客: 那照片哪天取？
店　员: 您不急的话，后天取，也就是星期四。
顾　客: 行。
店　员: 给您小票，洗的、照的都在一张上边。

——[본문 2]——

服务员: 迎福楼，您好！
田小姐: 我想预订一下儿座位。
服务员: 您想订哪天的？
田小姐: 这周五晚上，大概七点左右。
服务员: 几个人？
田小姐: 十二个人。
服务员: 一桌只能坐十个人，您得订两桌。

田小姐: 没有大一点儿的桌子吗？
服务员: 没有。
田小姐: 那好吧。那么，有包间儿吗？
服务员: 我看一下儿啊，还有一个。小姐，您
　　　　贵姓？
田小姐: 我姓田。
服务员: 哦，田小姐，请留一下儿您的电话。
田小姐: 62348899。
服务员: 好，我给您订上了。
田小姐: 谢谢，再见！

——[본문 3]——

A: 你好！会议中心。
B: 你好！我想问一下儿，单人间一天多少
　 钱？
A: 三个月以下一天15美元，人民币的话120
　 元；三个月或者三个月以上一天14美元，
　 人民币112元。
B: 房间里有电视吗？
A: 有，空调、冰箱和电话都有，不过电话要
　 用电话卡。
B: 房间里可以上网吗？
A: 可以，不过需要申请。
B: 那早饭和晚饭时间是几点？
A: 早饭是6点到7点半，晚饭是5点半到7
　 点半。
B: 是这样，我想帮朋友订一个房间，他要在
　 这儿住十二周。他年纪比较大，喜欢安
　 静，所以最好是四层以上的房间，而且最
　 好能离电梯远一点儿。
A: 可以。我看一下儿啊，嗯……那就619号
　 房间吧。
B: 619号，好，我记一下儿。还有，我想问
　 一下儿，这儿有洗衣机吗？
A: 有，买洗衣卡就行了。
B: 噢。

A: 先生，现在我就帮您订上吗？
B: 好。

---

1 网吧: **打字 / 打印 / 上网**
   宾馆: **洗衣服 / 预订房间 / 申请上网**
   照相馆: **洗相片 / 照相**
   饭馆: **预订座位**

2 1 ○   2 ×   3 ○   4 ×   5 ○

2 还有两个星期就放假了，放假以后，吴月想跟几个朋友一起去青岛玩儿，所以她让青岛的朋友帮她预订房间。他们想住在海边，最好从窗户那儿就能看见海，不过别太贵了。朋友给她回电话说，夏天去青岛旅行的人特别多，海边便宜一点儿的房子已经没有了，都是一天300块以上的房间，所以他帮吴月他们在附近订了房子，离海边有十五分钟的路，价钱不贵，不过条件很好。

健康和医疗 **11**

Part 1

1 1 ②   2 ④   3 ⑤   4 ①   5 ⑥
   6 ③

2 1 ○   2 ×   3 ×   4 ○   5 ×
   6 ×

3 1 **B**   2 **A**   3 **A**   4 **A**

1 1 他的体重是95公斤。

2 您的血压有点儿高，要注意休息。

3 昨天下楼时，摔了一跤。

4 明天下午两点，请大家到医院体检。

5 回去以后，要按时吃药。

6 他的手骨折了，不能写字。

2 1 "他的心脏不太正常" 意思是 "他的心脏有毛病"。

2 "他很胖" 也可以说 "他的体重很大"。

3 "还差一斤，我就100斤了" 意思是 "我101斤"。

4 "你又长了10斤，150了" 意思是 "他以前140斤"。

5 "高压90，低压50" 意思是 "血压有点儿高"。

6 "脸色不好" 都是因为 "身体不好"。

3　1　A: 你最近身体怎么样？

　　　B: 还是老毛病，总是头疼。

　　　问: 说话人的身体怎么样？

　2　A: 你有 100 斤吗？

　　　B: 哪儿啊，还差 4 斤就 110 了。

　　　问: 说话人的体重多少？

　3　A: 最近家里人身体都好吧？

　　　B: 别提了。我爸血压高，住院了；我妈
　　　　前几天下楼时摔了一下儿,骨折了；我
　　　　最近一直咳嗽。

　　　问: 下面哪种说法正确？

　4　A: 回去以后，按时吃药、好好儿休息，下
　　　　星期再来检查一次。

　　　B: 谢谢您，大夫。

　　　问: 大夫没有说什么？

Step2　리스닝 실전

[본문1]

1　1 ×　　2 ×　　3 ×　　4 ○　　5 ×

[본문2]

1　1 ×　　2 ○　　3 ×　　4 ○

[본문3]

1　1 A　　2 B　　3 B

2　1 ①　　2 ③, ⑥　　3 ④, ②, ⑤

——{ 본문1 }——

妈　妈: 今天体检都检查什么了？

明　明: 眼睛、心脏、血压……还有好多，检
　　　　查了一上午呢。

妈　妈: 都正常吗？

明　明: 下星期学校给检查结果，您自己看
　　　　吧。

妈　妈: 量体重吗？

明　明: 量了。

妈　妈: 多少斤？

明　明: 很多同学问我，我都没告诉他们。

妈　妈: 为什么？

明　明: 我又重了 10 斤。

妈　妈: 啊，97 斤啦。还差 3 斤，就和我一样
　　　　重了。

——{ 본문2 }——

丽　丽: 喂，妈，我是丽丽。您最近身体怎么
　　　　样？

妈　妈: 还是老毛病，有时候头疼。

丽　丽: 我爸身体怎么样？

妈　妈: 昨天我陪你爸去医院检查身体了。

丽　丽: 都正常吗？

妈　妈: 心脏正常，血压有点儿高。

丽　丽: 多少啊？

妈　妈: 高压 150，低压 90。

丽　丽: 我爸最近又没按时吃药吧？

妈　妈: 是啊，他总说没关系，不用吃药。

丽　丽: 血压高一定要按时吃药。

——{ 본문3 }——

A: 小王，你的脸色不太好。哪儿不舒服吗？

B: 没有，我最近太累了。

A: 最近咱们公司不太忙啊？

B: 公司倒是不怎么忙，可是家里忙啊。

A: 家里有什么事儿啊？

B: 买菜、做饭、送孩子上学……事儿多极
　 了。

A: 怎么，你离婚啦？
B: 你想到哪儿去了？
A: 那你爱人呢？
B: 别提了，她上星期骑自行车摔了一跤，腿骨折了，三个月走不了路。

1

1 小王为什么脸色不太好？
샤오왕은 왜 안색이 좋지 않은가?

2 会话里两个人是什么关系？
대화 속 두 사람은 어떤 관계인가?

3 下面哪件事情小王没提到？
다음 중 샤오왕이 언급하지 않은 것은?

1

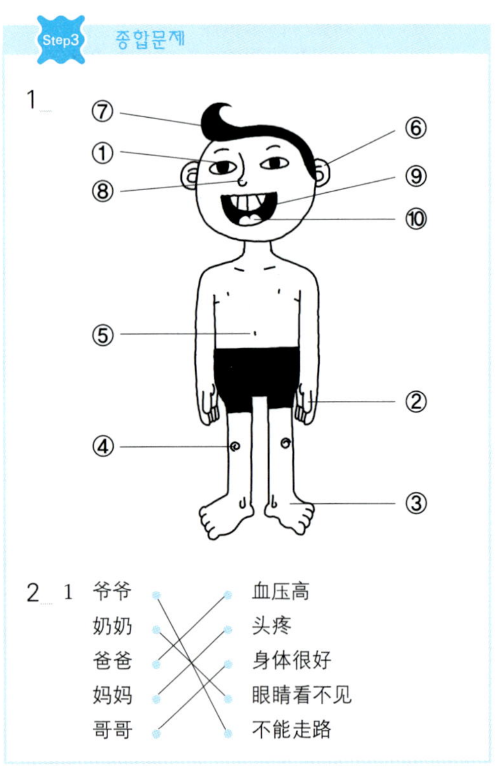

2 1

爷爷	血压高
奶奶	头疼
爸爸	身体很好
妈妈	眼睛看不见
哥哥	不能走路

2 方方很担心她家人的健康。她的爷爷奶奶都80多岁了。爷爷原来身体很好，可是上个月下楼时摔了一跤，现在不能走路了。奶奶的眼睛三年前就看不见了。最近，她的爸爸去医院体检，大夫说他血压有点儿高。可是，爸爸的

公司非常忙，他没有时间休息。妈妈还是老毛病，常常头疼。哥哥身体好，他去年结婚以后就搬出去住了。

Part 2

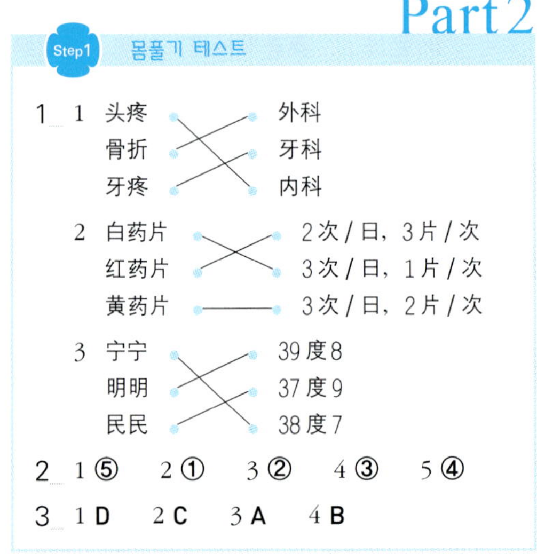

1

1 头疼挂内科，骨折挂外科，牙疼挂牙科。
두통은 내과에, 골절은 외과에, 치통은 치과에 접수해야 한다.

2 白药片一天3次，一次1片；红药片一天2次，一次3片；黄药片一天3次，一次2片。
흰색 알약은 하루에 세 번, 한 번에 1알씩 복용하고, 붉은색 알약은 하루에 두 번, 한 번에 3알씩 복용하고, 노란색 약은 하루에 세 번, 한 번에 2알씩 복용한다.

3 宁宁、明明和民民都发烧。宁宁发烧38度7；明明发烧39度8；民民发烧37度9。
닝닝, 밍밍 그리고 민민은 모두 열이 나는데, 닝닝은 38.7도, 밍밍은 39.8도, 민민은 37.9도이다.

2

1 买火车票的人非常多，我排队排了一个多小时。
기차표를 사려는 사람이 너무 많아서 나는 1시간 넘게 줄을 섰다.

2 这种体温表是日本生产的，很贵，但是质量很好。
이 체온계는 일제인데, 비싸지만 품질이 아주 좋다.

3 昨天晚上发烧，今天早上吃了药，不发烧了。
어제 저녁에 열이 나더니 오늘 아침에 약을 먹고는 열이 내렸다.

4 我吃过午饭就开始肚子疼，学校门口那家餐厅的菜一定有问题。

5 上了四个小时的课，说了很多话，现在嗓子疼极了。

3

1 A: 我早就说过，这么大年纪了，就别骑自行车了。您的腿怎么样啦？
   B: 没什么问题，我去医院看过了。
   问：下面哪种说法不正确？

2 A: 班长，今天怎么这么多人没来上课？
   B: 玛丽的奶奶病了，她回国了；方方肚子疼，回宿舍了；大卫住在学校外边，我不知道。
   问：下面哪种说法不正确？

3 A: 大夫，她要戴眼镜吗？
   B: 还不用，看书时间长了，要休息一下儿；写字时眼睛离本子远一点儿；还有，以后可不能再让她玩儿电脑游戏了。
   问：下面哪种说法不正确？

4 A: 中午我请你吃饭。
   B: 我今天胃口不太好，下次吧。
   问：下面哪种说法不正确？

Step2 리스닝 실전

[본문1]
1 1 ○   2 ×   3 ×   4 ×

[본문2]
1 1 ○   2 ×   3 ○   4 ×

[본문3]

1 1 ×   2 ○   3 ×   4 ○   5 ×

2

大药片：	3次/日	1片，	☑	饭后
小药片：	2次/日	4片	☑	早上
			☑	晚上
冲剂：	3次/日	半袋	☑	饭前
药水儿：	3次/日	10格	☑	饭后

——{ 본문1 }——

妻　子：老公，我可能是感冒了。
丈　夫：哪儿不舒服啊？
妻　子：全身发冷，嗓子疼、头疼。
丈　夫：昨天那么冷的天，你还穿裙子。
妻　子：体温表你放在哪儿了？
丈　夫：就在书柜下边的抽屉里。

（妻子找到体温表，开始试表，3分钟以后）

妻　子：37度8，我还真有点儿发烧。
丈　夫：我给你冲一袋感冒冲剂。
妻　子：一袋不管用，两袋。
丈　夫：好，听你的，就冲两袋，你喝完以后赶快睡觉。

——{ 본문2 }——

大　卫：玛丽，你去过校医院吗？
玛　丽：去过，我上次肚子疼，就在校医院看的病。
大　卫：校医院大吗？
玛　丽：不太大，有两层。一层有内科、外科；二层有妇科、牙科。
大　卫：还有牙科？我的牙都疼了好几天了，明天我得去看看。
玛　丽：那大卫你明天得早起。
大　卫：为什么？
玛　丽：早起去挂号呀！牙科只有一个大夫，看牙的病人很多，要排队挂号。
大　卫：几点开始挂号啊？
玛　丽：8点，不过，我同学说他上次早上7点就去了，都没挂上牙科的号。
大　卫：算了吧，我牙不疼了。

데이빗: 메리, 너 학교 병원 가 봤니?

메 리: 가 봤어, 저번에 배가 아파서 학교 병원에 가서 진찰 받았지.

데이빗: 학교 병원은 크니?

메 리: 그다지 크진 않아, 2층짜리야. 1층에는 내과와 외과가 있고, 2층에는 산부인과랑 치과가 있어.

데이빗: 치과도 있어? 나 이가 아픈지 며칠이나 됐는데, 내일 한번 가봐야겠다.

메 리: 데이빗, 그럼 내일 일찍 일어나야 해.

데이빗: 왜?

메 리: 일찍 일어나서 접수해야지. 치과는 의사가 한 명뿐인데 환자는 많아서, 줄을 서서 접수해야 한다구.

데이빗: 몇 시부터 접수를 받는데?

메 리: 8시. 그런데 우리반 친구가 그러는데 저번에 아침 7시에 갔는데도 치과 접수를 못했대.

데이빗: 됐어. 치통이 싹 사라졌어.

──{ 본문 3 }──

大　夫: 大药片一天三次, 一次1片; 小药片一天两次, 一次4片。

病　人: 大夫, 什么时候吃都可以吗?

大　夫: 大药片饭后吃, 小药片早晚各一次。

病　人: 明白了。大药片饭后吃, 一天三次, 一次1片; 小药片早晚各一次, 一次4片。

大　夫: 这是冲剂, 一天三次, 一次半袋。

病　人: 也是饭后吃吗?

大　夫: 这是中药, 饭前吃。

病　人: 这瓶药水儿呢?

大　夫: 每天三次, 每次10格, 饭后喝。

病　人: 谢谢您。

의　사: 큰 알약은 하루에 세 번, 한 번에 한 알씩 드시고, 작은 알약은 하루에 두 번, 한 번에 네 알씩 드세요.

환　자: 의사 선생님, 아무 때나 먹어도 괜찮나요?

의　사: 큰 알약은 식후에, 작은 알약은 아침 저녁으로 한 번씩 드세요.

환　자: 알겠습니다. 큰 알약은 식후 하루에 한 번, 한 알씩, 작은 알약은 아침 저녁으로 한 번, 네 알씩이요.

의　사: 여기 물에 타서 먹는 약이 있는데, 하루에 세 번, 한 번에 반 봉지씩 드세요.

환　자: 역시 식후에 먹나요?

의　사: 이것은 한약이니까, 식전에 드세요.

환　자: 이 물약은요?

의　사: 매일 세 번, 매 번 10눈금씩, 식후에 드세요.

환　자: 감사합니다.

1

药	病	诊室
药水儿	感冒	内科
药片	血压高	外科
冲剂	牙疼	牙科
	肚子疼	妇科

2　1 (1) ○　　(2) ○　　(3) ×　　(4) ×

2　去年这一年我过得可真不顺利, 老是去医院。

一冬天就感冒了三次, 又是打针, 又是吃药。4月, 跟女朋友出去旅行, 爬山时摔了一跤, 脚骨折了, 两个月走不了路, 还耽误了上班。最近, 胃又不好, 一吃东西胃就疼。我这个人没有别的爱好, 就好吃, 现在只能看着别人吃了。北京烤鸭、韩国烤肉、日本生鱼片, 还有我最最喜欢的水煮鱼, 现在都不能吃了。

작년 한해 나는 정말로 순탄치가 못해서 늘 병원 신세를 졌다. 겨울이 되자마자 감기에 세 번이나 걸려서 주사를 맞고 약을 먹었다. 4월에는 여자친구와 여행을 갔는데, 등산을 하다가 넘어져서 다리가 부러져 두 달 동안 걷지도 못해 출근에까지 지장을 주었다. 요즘은 위가 또 좋지 않아서 음식을 먹으면 바로 통증이 온다. 나라는 사람은 별다른 취미가 없고, 오로지 먹는 것만 즐겼는데, 지금은 그저 다른 사람들이 먹는 걸 쳐다볼 수밖에 없다. 베이징 오리구이, 한국 불고기, 일본 생선회, 그리고 내가 너무나 좋아하는 생선찜까지 지금은 모두 못 먹게 되었다.

人物描写　12

Part 1

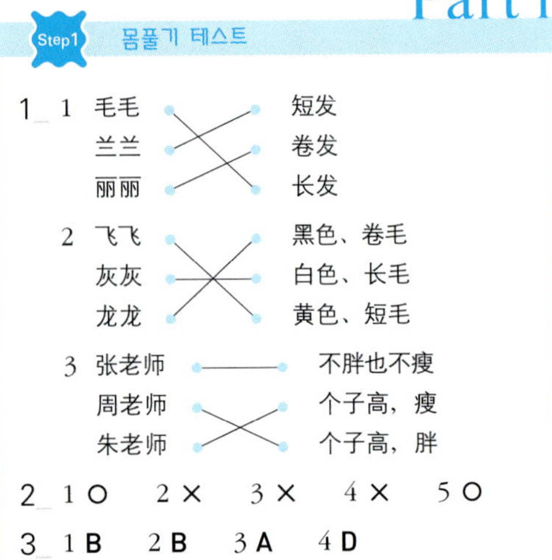

1　1
毛毛 ─ 短发
兰兰 ─ 卷发
丽丽 ─ 长发

2
飞飞 ─ 黑色、卷毛
灰灰 ─ 白色、长毛
龙龙 ─ 黄色、短毛

3
张老师 ─ 不胖也不瘦
周老师 ─ 个子高, 瘦
朱老师 ─ 个子高, 胖

2　1 ○　　2 ×　　3 ×　　4 ×　　5 ○

3　1 B　　2 B　　3 A　　4 D

1　1 毛毛、兰兰、丽丽今年都是5岁。毛毛的头发很长, 兰兰的头发很短, 丽丽的头发卷卷的。

마오마오, 란란, 리리는 모두 올해 다섯 살이다. 마오마오의 머리카락은 아주 길고 란란의 머리카락은 아주 짧으며 리리의 머리카락은 곱슬곱슬하다.

2　飞飞、灰灰、龙龙是三只小狗。飞飞是黄色的沙皮狗, 它的毛很短; 灰灰是只白色的狮子狗, 它的毛很长; 龙龙是条黑色的卷毛狗。

페이페이, 후이후이, 롱롱은 세 마리의 강아지다. 페이페이는 노란색 샤페인데 털이 아주 짧다. 후이후이는 흰색 시추로 털이 아주 길다. 롱롱은 검은색 푸들이다.

3 张老师不胖也不瘦; 周老师又高又胖; 朱老师很瘦, 个子也很高。

장 선생님은 뚱뚱하지도 마르지도 않았다. 저우 선생님은 키가 크고 뚱뚱하다. 주 선생님은 아주 말랐고 키도 아주 크다.

2 1 "她很苗条" 意思是 "她很瘦但好看"。

'그녀는 아주 늘씬하다'는 '그녀는 말랐지만 보기 좋다'는 뜻이다.

2 "他是个大胖子" 意思是 "他年纪很大, 还很胖"。

'그는 왕뚱보이다'는 '그는 나이가 아주 많고 뚱뚱하기까지 하다'라는 뜻이다.

3 "他长得很漂亮" 和 "他长得很帅" 意思一样。

'그는 아주 예쁘게 생겼다'는 '그는 아주 잘생겼다'와 같은 뜻이다.

4 "他的眼睛很小, 不像他妈妈" 意思是 "他妈妈的眼睛也很小。"

'그의 눈은 아주 작은 것이, 그의 어머니를 닮지 않았다'는 '그의 어머니의 눈도 아주 작다'는 뜻이다.

5 "我还是喜欢你以前的长发" 意思是 "我觉得你现在的头发没有以前漂亮。"

'나는 네 이전의 긴 헤어스타일이 더 좋아'는 '내 생각에 네 지금의 헤어스타일은 예전보다 예쁘지 않아'라는 뜻이다.

3 1 A: 他爸爸 1 米 9, 他妈妈 1 米 7。
　　B: 怪不得, 他不到 10 岁就 1 米 6 了。
　　问: 下面哪种说法不正确?

A: 그의 아버지는 1m90cm이고 그의 어머니는 1m70cm야.
B: 어쩐지 그가 열 살도 안 됐는데 1m60cm나 되더라.
질문: 다음 중 틀린 말은 무엇인가?

2 A: 你哥哥、你弟弟和你长得一样吗?
　　B: 我哥哥是大眼睛、圆脸; 我弟弟是小眼睛, 长脸; 我的眼睛和我哥哥一样, 我的脸和我弟弟一样。
　　问: 说话人长得什么样?

A: 네 형과 네 남동생은 너와 생김새가 닮았니?
B: 우리 형은 눈이 크고 둥근 얼굴이고, 내 남동생은 눈이 작고 얼굴이 길어. 내 눈은 형이랑 닮았고 내 얼굴형은 남동생이랑 똑같아.
질문: 화자는 어떻게 생겼나?

3 A: 你不胖啊, 你朋友为什么叫你 "小胖"?
　　B: 因为我小时候很胖。
　　问: 下面哪种说法不正确?

A: 너 안 뚱뚱한데, 네 친구는 왜 너를 '뚱보'라고 부르니?
B: 왜냐하면 내가 어렸을 때 아주 뚱뚱했거든.
질문: 다음 중 틀린 말은 무엇인가?

4 A: 你们班的老师长得什么样?
　　B: 她很苗条, 皮肤很白, 长头发、戴眼镜。
　　问: 下面哪种说法不正确?

A: 너희 반 선생님은 어떻게 생기셨니?
B: 아주 날씬하고 피부는 아주 하얗고 머리가 길고 안경을 쓰셨어.
질문: 다음 중 틀린 말은 무엇인가?

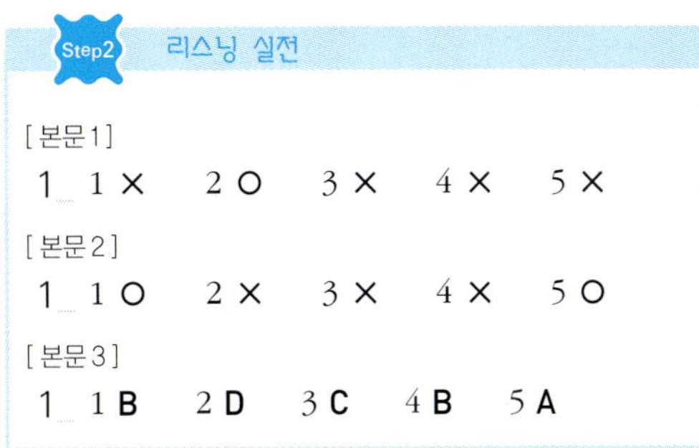

[본문1]

1 1 × 　 2 ○ 　 3 × 　 4 × 　 5 ×

[본문2]

1 1 ○ 　 2 × 　 3 × 　 4 × 　 5 ○

[본문3]

1 1 B 　 2 D 　 3 C 　 4 B 　 5 A

―{ 본문 1 }―

A: 我们家明明可漂亮了。
B: 当然了, 你跟你爱人都很漂亮。
A: 我们家明明特别白, 我常给它洗澡。
B: 明明今年几岁了?
A: 1 岁, 上星期天是它的生日。
B: 你送它什么礼物了?
A: 我给它买了新衣服, 还专门带它去照了相。
B: 它高兴吗?
A: 高兴, 一路上它一边叫, 一边摇尾巴。
B: 什么? 我还以为明明是你儿子呢?
A: 不是, 它是我们家的狗。

A: 우리 밍밍이는 너무 예뻐요.
B: 당연하겠죠. 당신과 당신 남편 모두 외모가 뛰어나잖아요.
A: 우리 밍밍은 아주 하얀데요, 자주 그 애 목욕을 시켜줘요.
B: 밍밍이가 올해 몇 살인데요?
A: 한 살이요, 지난주가 그 애 생일이었어요.
B: 그 애에게 무슨 선물을 주셨어요?
A: 나는 애에게 새 옷을 사줬고 또 일부러 데려가서 사진도 찍어 주었어요.
B: 애가 좋아하던가요?
A: 좋아했죠. 오는 길에서 짖으면서 꼬리를 흔들었는데요.
B: 뭐라고요? 난 밍밍이가 당신 아들인줄 알았더니!
A: 아녜요. 우리 집 개예요.

―{ 본문 2 }―

A: 你女儿个子这么高, 像谁啊?
B: 像她爸爸, 她爸爸 1 米 88。
A: 眼睛很大, 像你。
B: 是啊, 她爸爸是小眼睛, 还戴眼镜。
A: 你爱人胖吗?
B: 他那么高, 才 140 斤。
A: 怪不得你女儿这么苗条。
B: 说真的, 我不太喜欢她的头发, 太短了。要是长头发就更漂亮了。

181

A: 嗯，我也不喜欢。

B: 她原来是长发，上星期刚剪的，还弄成了黄色。

——{ 본문3 }——

方　方：大卫，照片上哪个女生是你女朋友啊？

大　卫：你猜猜。

方　方：法国人都是白皮肤，蓝眼睛，一定是这个！

大　卫：不，我女朋友是日本人。

方　方：日本女孩子一般是长眼睛，笑眯眯的样子，可能是这个？

大　卫：你又错了。我女朋友是大眼睛，圆脸。

方　方：我得好好儿找找……是这个，准没错儿！

大　卫：还是不对。我女朋友的皮肤比较黑。

方　方：照片上有二十多个女孩子呢！我不猜了，你告诉我吧。

大　卫：再猜一次。我女朋友戴眼镜、短发、穿一件黑色的毛衣……

方　方：我猜到了，是最后一排最左边的这个……你女朋友怎么长得像印度人？

大　卫：对啊，她长得像她奶奶。

1 1 大卫的女朋友是哪国人？

2 大卫女朋友的脸和眼睛什么样儿？

3 下面的说法哪一个不正确？

4 方方一共猜了几次？

5 大卫的女朋友在第几排第几个？

Step3　종합문제

1 1 今天零下5度，怪不得这么冷。

2 怪不得她不高兴，原来她考试不及格。

3 怪不得她今天没来上课，原来她发烧39度。

4 她已经回国了，怪不得我打电话的时候，她都不在。

2 1 综合课老师　　游老师　——　25岁
口语课老师　　裘老师　　　30多岁
听力课老师　　刘老师　　　50多岁

2 (1) 苗条，好听
(2) 黑，长
(3) 高，胖

2 我们班有三位汉语老师，综合课是一位女老师，姓刘，30多岁，很苗条，长得不太漂亮，可是说话的声音非常好听。口语课也是一位女老师，姓游，今年25岁，她的头发又黑又长，非常漂亮。听力老师姓裘，他是一位戴眼镜的男老师，今年50多岁，个子不高，有点儿胖。

Part 2

Step1　몸풀기 테스트

1 1② 　2③ 　3⑥ 　4④ 　5⑤
6⑦ 　7⑧ 　8①

2 1✕ 　2○ 　3✕ 　4○ 　5✕
6○

3 1B 　2C 　3D 　4A

1

1 她在银行工作，收入很高。
그녀는 은행에서 일하는데 수입이 아주 높다.

2 他很有能力，一毕业就进了大公司。
그는 아주 능력이 있어서 졸업하자마자 대기업에 들어갔다.

3 小王是个热心人，很喜欢帮助别人。
샤오왕은 마음이 따뜻한 사람이라 남을 돕는 것을 아주 좋아한다.

4 综合课老师最严格，常常听写。
종합 과목 선생님이 가장 엄하신데 자주 받아쓰기를 보신다.

5 我和同学们的关系很好。
나와 급우들의 관계는 아주 좋다.

6 他很讲究穿，总是买名牌的衣服。
그는 입는 것을 아주 중시해서 항상 유명상표 옷을 산다.

7 HSK 考试对我很重要。
HSK시험은 나에게 아주 중요하다.

8 我们班的同学性格都不一样。
우리 반 친구들은 성격이 모두 다르다.

2

1 "我男朋友个子很高, 长得很帅, 就是有点儿内向" 意思是 "她很喜欢她男朋友的性格"。
'내 남자친구는 키가 크고 아주 잘생겼는데 단지 조금 내성적이다'라는 것은 '그녀는 자기 남자친구의 성격을 좋아한다'는 뜻이다.

2 "小王最不爱开玩笑, 说话总是很认真" 意思是 "小王不是一个幽默的人"。
'샤오왕은 농담을 잘 안하는 사람이라, 말할 때 항상 아주 진지하다'는 '샤오왕은 유머러스한 사람이 아니다'라는 뜻이다.

3 "收入、能力、性格中, 我认为性格最重要" 意思是 "我认为性格没有收入和能力重要"。
'수입, 능력, 성격 중 나는 성격이 가장 중요하다고 생각한다'는 '나는 성격이 수입과 능력만큼 중요하지 않다고 생각한다'라는 뜻이다.

4 "大卫很开朗" 意思是 "大卫的性格很外向"。
'데이빗은 아주 명랑하다'는 '데이빗의 성격은 아주 외향적이다'라는 뜻이다.

5 "他这个人很讲究吃" 意思是 "他喜欢吃贵的东西"。
'그라는 사람은 먹는 것을 아주 중시한다'는 '그는 비싼 음식을 즐겨 먹는다'는 뜻이다.

6 "要是明天不下雨就好了" 意思是 "我希望明天别下雨"。
'만약 내일 비가 오지 않으면 좋을텐데'는 '나는 내일 비가 오지 않기를 바란다'는 뜻이다.

3

1 A: 文文和肥肥性格一样吗？
B: 不一样, 文文性格内向, 不爱说话; 肥肥很幽默, 特别喜欢开玩笑。
问: 谁喜欢开玩笑？

A: 원원과 페이페이는 성격이 비슷해?
B: 달라, 원원은 성격이 내성적이어서 말을 별로 안 해. 페이페이는 아주 유머러스하고 농담하는 걸 좋아해.
질문: 누가 농담하는 것을 좋아하나?

2 A: 你觉得小王什么地方好？
B: 小王性格开朗, 有很多朋友, 再说他还喜欢帮助别人。
问: 关于小王, 哪一个不正确？

A: 네 생각에 샤오왕은 어떤 점이 좋아?
B: 샤오왕은 성격이 명랑해서 친구가 아주 많고 게다가 남 돕는 걸 좋아해.
질문: 샤오왕에 관한 것 중 틀린 것은 무엇인가?

3 A: 方方, 你见过丽丽的男朋友吗？
B: 见过, 很帅, 也很开朗, 听说还在大公司工作, 要是个子再高一点儿就好了。
问: 下面哪种说法不正确？

A: 팡팡, 리리의 남자친구 본 적 있어?
B: 본 적 있어. 아주 잘생기고 명랑하더라. 듣자하니 대기업에서 일한다고 하더라구. 만약 키가 조금만 더 컸으면 좋았을 텐데.
질문: 다음 중 틀린 것은 무엇인가?

4 A: 你们班的老师怎么样？
B: 她讲课很认真, 声音很好听, 对我们也很严格, 要是她能少留点儿作业就好了。
问: 下面哪种说法不正确？

A: 너희 반 선생님 어떠시니?
B: 아주 열심히 수업하시고 목소리가 아주 좋으셔. 우리들한테도 아주 엄하시고. 숙제만 조금 덜 내주신다면 좋을 텐데.
질문: 다음 중 틀린 것은 무엇인가?

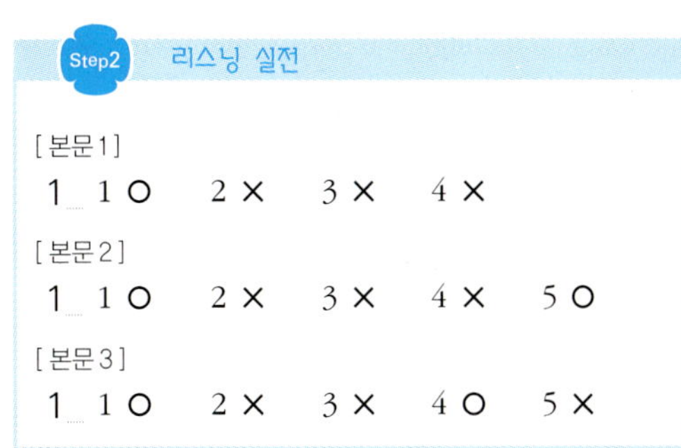

——[본문 1]——

小 李: 小王, 你们科长长得真帅! 他结婚了吗？

小 王: 去年刚离的婚。

小 李: 他今年多大年纪？

小 王: 他是属猴的。

小 李: 我今年34 岁, 属狗, 他比我大两岁。

小 王: 你们科长怎么样？

小 李: 很好啊, 他工作认真努力, 就是有时对我们太严格了。

小　王：我不是问他的工作，是问他这个人？

小　李：他性格开朗，很幽默，跟大家的关系都不错。

──{ 본문 2 }──

小　天：小雨，你的同屋怎么样？

小　雨：我的同屋是个热心人，她经常帮助我。

小　天：我觉得她的英语说得也不错。

小　雨：是啊，我有不懂的地方，常常问她，她还给我介绍了一个家教的工作。

小　天：要是我也有这样的同屋就好了。

小　雨：怎么，小天，你不喜欢你的同屋吗？

小　天：他常常带很多朋友在房间里喝酒、聊天儿。

小　雨：怪不得你老去图书馆学习。

小　天：他有时半夜一点才回来，回来后还看电视、打电话。

小　雨：怪不得你总是睡不好觉。

──{ 본문 3 }──

妈　妈：丽丽，现在找男朋友讲究"三高"。

丽　丽：哪"三高"啊？我怎么不知道？

妈　妈："三高"就是"个子高、学历高、收入高。"

丽　丽：我可不这么想，交男朋友又不是买东西。

妈　妈：他个子还不到1米7吧！

丽　丽：怎么啦，我觉得最重要的是他对我

好。

妈　妈：再说，你是研究生毕业，他才是大学毕业。

丽　丽：可是他很有能力啊。

妈　妈：有什么能力，他有房子吗？他有汽车吗？

丽　丽：以后会有的，我们结了婚，一起努力。

妈　妈：看来你还是不听妈妈的。

Step3　종합문제

[본문1]

1　1　还可以和中国人聊天儿
　　2　你还感冒了
　　3　我的男朋友也这么有钱
　　4　我能得90分

2　1　(1) B　　(2) A　　(3) D　　(4) C
　　2

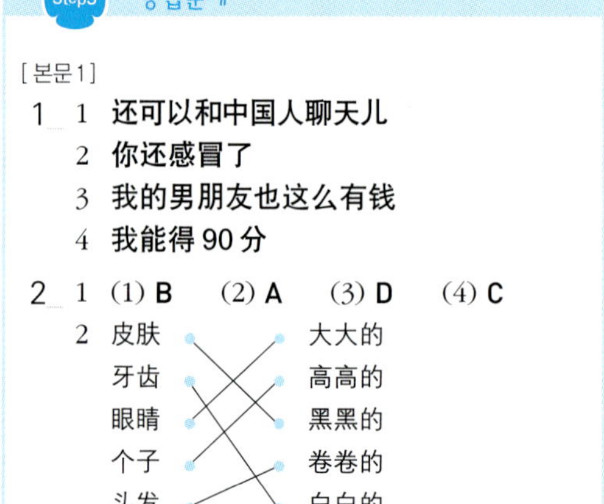

皮肤	大大的
牙齿	高高的
眼睛	黑黑的
个子	卷卷的
头发	白白的

2　方方交过三个男朋友。小李是她的第一个男朋友，中国人，个子不太高，不胖也不瘦，性格很内向，特别喜欢读书。大卫是她的第二个男朋友，美国人，皮肤很白，鼻子很高，性格外向，特别喜欢聊天儿。彼得是她现在的男友，英国人，皮肤黑黑的，牙齿白白的，眼睛大大的，个子高高的，头发卷卷的，长得帅极了，而且非常幽默，特别会开玩笑。

치아는 하얗다. 눈이 커다랗고 키가 크며 곱슬머리에 아주 잘생겼다. 게다가 아주 유머러스하고 농담을 아주 잘한다.

1 (1) 关于小李，哪一个不正确？

샤오리에 관해 다음 중 틀린 것은?

(2) 关于大卫，我们不知道什么？

데이빗에 관해 우리가 모르는 것은?

(3) 关于彼得，我们不知道什么？

피터에 관해 우리가 모르는 것은?

(4) 彼得是哪国人？

피터는 어느 나라 사람인가?

天气和服装 **13**

날씨와 옷차림

Part 1

몸풀기 테스트

1 1 一件：**毛衣，衬衫，T恤衫，防寒服**
  2 一条：**领带，裙子，短裤，牛仔裤**
  3 一双：**手套，运动鞋，皮鞋**
  4 一顶：**帽子**

2 1 B 2 B 3 A 4 B 5 B 6 A

3 1 × 2 × 3 ○ 4 × 5 ○

2 1 A: 小张, 你今天怎么穿得这么漂亮? 还戴上领带了?

B: 我朋友今天结婚。

问：小张今天为什么戴领带？

A: 샤오장, 너 오늘 왜 이렇게 멋지게 차려입었어? 게다가 넥타이도 했네?
B: 내 친구가 오늘 결혼하거든.
질문: 샤오장은 오늘 왜 넥타이를 했나?

2 A: 李娜，换双鞋吧，穿皮鞋怎么跑步啊？

B: 一会儿我穿陈红的，她的脚和我一样大。

问：李娜为什么要换鞋？

A: 리나, 신발 바꿔신어. 구두를 신고 어떻게 달려?
B: 조금 있다가 천홍의 신발을 신을 거야. 그 애의 발 사이즈가 나랑 같거든.
질문: 리나는 왜 신발을 바꿔신으려고 하나?

3 A: 穿毛衣还是冷，我得穿上防寒服。

B: 是啊，小伟。对了，你感冒药吃了没有？

问：小伟为什么要穿防寒服？

A: 스웨터를 입었는데도 여전히 춥네. 방한복을 입어야겠어.

B: 그래, 샤오웨이. 아참, 너 감기약 먹었니?
질문: 샤오웨이는 왜 방한복을 입으려고 하나?

4 A: 今天天气真好！我想穿裙子。

B: 京京，外边还是有点儿冷，你穿厚一点儿吧。

问：妈妈为什么让京京穿厚一点儿？

A: 오늘 날씨 정말 좋다! 치마 입어야겠다.
B: 징징, 밖은 아직 조금 추워. 좀 두껍게 입거라.
질문: 엄마는 왜 징징에게 두껍게 입으라고 하나?

5 A: 穿牛仔裤真舒服！

B: 我的感觉和你一样。

问：说话人为什么喜欢穿牛仔裤？

A: 청바지를 입으니 아주 편해!
B: 나도 너랑 같은 기분이야.
질문: 화자는 왜 청바지 입는 것을 좋아하나?

6 A: 小娟，你戴上试试，这顶白帽子和你的毛衣真配！

B: 嗯，真是，听你的。

问：小娟为什么戴白帽子？

A: 샤오쥐엔, 한번 써봐. 이 흰 모자가 네 스웨터랑 무척 잘 어울려.
B: 응, 정말 그러네. 네 말대로 할게.
질문: 샤오쥐엔은 왜 흰 모자를 썼나?

3 1 小娟在公司工作，她每天上班穿裙子和皮鞋，周末休息的时候她穿舒服的衣服和鞋。

샤오쥐엔은 회사에서 근무한다. 그녀는 매일 출근할 때 치마를 입고 구두를 신는다. 주말에 쉴 때는 편안한 옷과 신발을 신는다.

2 小伟喜欢滑旱冰，天气暖和的时候，他常穿T恤衫和短裤在公园里滑旱冰。

샤오웨이는 롤러 스케이트 타는 것을 좋아해서 날씨가 따뜻할 때면 종종 티셔츠와 반바지를 입고 롤러 스케이트를 탄다.

3 老张早上起得很早，他去跑步。跑步的时候他穿运动衣，运动裤和运动鞋。

라오장은 아침에 아주 일찍 일어나서 조깅을 하러 간다. 조깅을 할 때 그는 운동복 상의와 바지를 입고 운동화를 신는다.

4 京京是中学生，她每天穿校服去学校。

징징은 중학생인데 매일 교복을 입고 학교에 간다.

5 上班的时候，王先生穿衬衫戴领带；不上班的时候，王先生穿T恤衫和牛仔裤。

출근할 때 왕 선생은 와이셔츠를 입고 넥타이를 한다. 출근하지 않을 때 왕 선생은 티셔츠와 청바지를 입는다.

리스닝 실전

[본문1]

1 1 **帽子／蓝帽子／带回去问问**
  2 **手套／皮手套／交给门口的师傅**

2 **见她戴过／陈红今天戴的好像是黄的**
以前没见她戴过皮手套／不像她的手套

[본문2]

2 1× 2× 3○ 4×

[본문3]

2 漂亮，毛不毛不重要，太贵了 / 颜色真漂亮，不过我穿不合适

颜色、样子都还行，不过不是毛的 / 好看，薄厚正合适

——[본문1]——

王　刚：哎，田园，你看，这个帽子和手套是谁的？

田　园：我看看。蓝帽子？好像是陈红的，我见她戴过。

王　刚：不是吧，陈红今天戴的好像是黄的。

田　园：是吗？我没注意她今天戴的是什么颜色的。

王　刚：这双手套也是她的吗？

田　园：不像，以前没见她戴过皮手套。

王　刚：是不像她的手套。

田　园：那这样吧，帽子我带回去问问是不是她的。

王　刚：手套我们交给门口的师傅。

田　园：行，咱们走吧。

왕 깡: 어휴, 톈위엔, 좀 봐, 이 모자랑 장갑 누구 거니?
톈위엔: 어디 봐. 남색 모자? 천훙 것 같아. 그 애가 쓴 것을 본 적 있거든.
왕 깡: 아니겠지. 천훙이 오늘 쓴 것은 노란색 같던데.
톈위엔: 그래? 나는 그 애가 오늘 무슨 색깔을 썼는지 제대로 못봤어.
왕 깡: 이 장갑도 그 애 것이니?
톈위엔: 아닌 것 같아. 이전에 그 애가 가죽장갑 낀 것을 본 적이 없거든.
왕 깡: 그 애 장갑이 아닌 것 같지.
톈위엔: 그럼 이렇게 하자. 모자는 내가 가지고 가서 그 애 것인지 물어볼게.
왕 깡: 장갑은 우리 교문의 아저씨에게 갖다 드리자.
톈위엔: 그래, 가자.

——[본문2]——

小　健：喂，婷婷，我是小健，你都准备好了吗？

婷　婷：都准备好了。

小　健：是这样，我明天公司有点儿事儿，出不来，我找了个朋友帮我去机场接你。

婷　婷：没关系，你忙吧。

小　健：你明天穿什么衣服？我告诉那个朋友，他好找你。

婷　婷：嗯……黑裤子、毛衣，蓝色的，外面穿灰色的大衣。

小　健：好，我知道了。

婷　婷：那你朋友穿什么衣服呀？

小　健：他穿咖啡色的皮夹克。对了，你的手机号我也告诉他了。

婷　婷：好，到了宾馆以后我再给你打电话。

샤오지엔: 여보세요, 팅팅. 나 샤오지엔이야. 너 벌써 준비 다했니?
팅 팅: 벌써 준비 다했어.
샤오지엔: 있잖아, 나 내일 회사에 일이 좀 있어서 못 나가. 내가 친구를 찾아서 공항에 너를 마중 나가 달라고 할게.
팅 팅: 괜찮아, 너 바쁘잖아.
샤오지엔: 너 내일 무슨 옷 입을 거니? 내가 그 친구에게 알려 줄게, 너를 찾기 쉽도록.
팅 팅: 음, 검정색 바지에 스웨터, 남색이야. 겉에는 회색 외투를 입을 거야.
샤오지엔: 응, 알았어.
팅 팅: 그럼 네 친구는 무슨 옷을 입는데?
샤오지엔: 그 애는 커피색 가죽자켓을 입을 거야. 아참, 네 핸드폰 번호도 그 애에게 알려 줬어.
팅 팅: 그래, 호텔에 도착한 후에 내가 다시 전화 할게.

——[본문3]——

晓　雪：吴月，你来看看这边的衣服。你看，这件大衣漂亮吧？

吴　月：颜色、样子都还行，不过不是毛的。

晓　雪：毛不毛不重要。

吴　月：毛的暖和。多少钱？

晓　雪：上边没价钱。先生，这件大衣多少钱？

售货员：688。试试吗？

晓　雪：太贵了！

吴　月：哎，晓雪，这边有打折的衣服。你看这条裙子好看吧？现在穿，薄厚正合适。

晓　雪：颜色真漂亮，不过我穿不合适，还是你买吧。

吴　月：不是我的号。先生，还有大一号的吗？

售货员：就这一件。

吴　月：哎，真遗憾！

售货员：小姐，你还试那件大衣吗？

晓　雪：那拿一件试试吧。

售货员：看，大小正好。

晓　雪：嗯……先生，我想再比较一下儿，谢谢你啦。

售货员：没关系，欢迎您再来。

샤오쉬에: 우위에, 와서 이쪽의 옷 좀 봐. 어때, 이 외투 예쁘니?
우위에: 색깔, 모양 다 그런대로 괜찮은데, 모가 아니네.
샤오쉬에: 모인지 아닌지는 중요하지 않아.
우위에: 모로 된 게 따뜻하잖아. 얼마야?
샤오쉬에: 위에 가격이 없네. 저기요, 이 외투 얼마예요?
판매원: 688위안이요. 입어 보시겠어요?
샤오쉬에: 너무 비싸네요!
우위에: 여기, 샤오쉬에, 이쪽에 세일하는 옷이 있어. 이 치마 예뻐? 지금 입기에 두께가 딱 적당해.

186

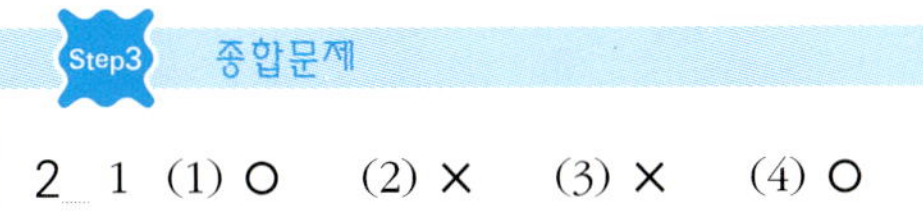

2_ 1 (1) ○   (2) ✕   (3) ✕   (4) ○

2_ 中国人常说，春捂秋冻，意思是说，春天天气开始暖和了，可是衣服还是要穿得厚一点儿，这样不容易感冒；秋天呢，天气慢慢凉了，可是衣服要一点儿一点儿地加，不用很快就穿上冬天的衣服。不过，年轻人的想法不太一样。春天，他们已经穿腻了冬天的厚衣服，天气一暖和，他们很快就换上了薄衣服；秋天呢，他们不再喜欢夏天的薄衣服，很快又换上了厚衣服，所以，春天和冬天都是从年轻人身上开始的。

중국인들은 종종 말하기를 "봄에는 두껍게 입고 가을에는 얇게 입으라"고 한다. 뜻인즉, 봄에는 날씨가 따뜻해지기 시작하지만 옷을 그래도 좀 두껍게 입어야 감기에 잘 걸리지 않고, 가을에는 날씨가 서서히 서늘해지지만 옷을 조금씩 조금씩 껴입어야지 서둘러 겨울옷을 입을 필요는 없다는 것이다. 하지만, 젊은이들의 생각은 그렇지 않다. 봄이면 젊은이들은 이미 두꺼운 겨울옷에 질려 날씨가 따뜻해지자마자 재빨리 얇은 옷으로 갈아입는다. 가을에는 더 이상 얇은 여름옷을 좋아하지 않아 재빨리 두꺼운 옷으로 갈아입는다. 그래서 봄과 가을은 젊은이들의 모습에서부터 시작되는 것이다.

Part 2

2_
北京	☑晴	☑刮风	-7℃~2℃
哈尔滨	☑阴	☑刮风	☑下雪 -10℃~1℃
上海	☑晴	☑刮风	11℃~16℃
成都	☑阴	☑刮风	☑下雨 12℃~17℃
桂林	☑阴	☑下雨	14℃~18℃

3_ 1 B   2 A   3 B   4 A   5 B   6 A

2_ 现在播送全国各大城市天气预报。北京，晴，北风五六级，零下7度到2度；哈尔滨，阴有小雪，北风一二级，零下10度到1度；上海，晴，东风三四级，11度到16度；成都，阴有小雨，西风一二级，12度到17度；桂林，阴有小雨，14度到18度。

지금부터 전국 각 대도시의 일기예보를 말씀드리겠습니다. 베이징, 맑은 가운데 5~6급의 북풍이 불겠고 최저기온 영하 7도 최고기온 2도입니다. 하얼빈, 흐린 가운데 약간의 눈이 오겠습니다. 1~2급의 북풍이 불겠고 최저기온 영하 10도 최고기온 1도입니다. 상하이, 맑은 가운데 3~4급의 동풍이 불겠고 최저기온 11도 최고기온 16도입니다. 청두, 흐린 가운데 눈이 약간 오겠습니다. 1~2급의 서풍이 불겠으며 최저기온 12도 최고기온 17도입니다. 꾸이린, 흐린 가운데 비가 조금 내리겠습니다. 최저기온 14도 최고기온 18도입니다.

3_ 1 A: 京京，刚才还是晴天，现在天怎么阴了？你出去带上伞吧。
　　B: 我带那把阳伞吧，下雨晴天都能用。
　　问: 京京出去的时候带什么？
징징, 방금까지 맑더니 지금 어째서 흐려졌을까? 너 외출할 때 우산 가지고 가.
나 그 양산 가지고 갈게. 비가 오거나 맑거나 다 쓸 수 있으니까.
질문: 징징은 외출할 때 무엇을 가지고 가나?

2 A: 外边晒死了，咱们去游会儿泳吧。
　　B: 今天人一定多极了。
　　问: 今天天气怎么样？
밖에 햇볕이 굉장해, 우리 가서 수영 좀 하자.
오늘 사람이 분명히 아주 많을 거야.
질문: 오늘 날씨는 어떠한가?

3 A: 天气预报说，今天五六级风，我得穿上风衣。
　　B: 李娟，别忘了戴围巾。
　　问: 李娟要穿什么？
일기예보에서 오늘 바람이 5~6급이래, 윈드 재킷을 입어야겠어.
리쥐엔, 스카프 하는 거 있지 마.
질문: 리쥐엔은 무엇을 입으려고 하나?

4 A: 方丽，你看，外边的树真漂亮！
　　B: 雪这么大呀！路已经看不见了。看样子，得穿靴子了。
　　问: 方丽要穿什么？
팡리, 봐, 밖에 나무가 너무 예뻐!
눈이 아주 많이 오는구나! 길이 벌써 안 보여. 보아하니 부츠를 신어야겠어.
질문: 팡리는 무엇을 신으려고 하나?

5 A: 天这么冷，能玩儿什么呀？真没意思！
　　B: 滑雪去怎么样？两小时的车就到了。
　　问: 他们可能去做什么？
날씨가 이렇게 추운데 뭘 하고 놀 수 있겠어? 정말 재미없어!
스키 타러 가면 어때? 두 시간만 차를 타고 가면 도착하는데.
질문: 그들은 무엇을 하러 가려고 하나?

5 A: 热死了！我真想坐下来凉快凉快，吃个冰淇淋。

B: 要是有杯冰红茶该多好！哎，前边不
　　远就有个咖啡馆。

问：他们可能去的地方是哪儿？

Step2　리스닝 실전

[본문 1]

2 春天：暖和、没风、舒服(韩国)/
　　　刮风(北京)

　　秋天：不冷不热、不干燥(韩国)/
　　　干燥(北京)

　　八月：老下小雨、热、潮湿(韩国)/
　　　老下小雨、热、潮湿(南方)

[본문 2]

2 厚夹克：海边风大，特别是早晚，还有可能
　　　变天。

　　太阳镜：春天的太阳很厉害。

[본문 3]

1　1 ○　　2 ○　　3 ✕　　4 ○　　5 ✕

2　西安：晴天 / 5℃ / 2℃
　　　昆明：有小雨 / 17 ~ 18℃ / 5 ~ 6℃

——{ 본문 1 }——

李　明：哎，田园，你说，要是去韩国旅行，
　　　什么时候最好？

田　园：当然是春天或者秋天啦。四月的时候
　　　天气暖和了，花儿也开了，街上很漂
　　　亮。

李　明：没风吗？

田　园：不像北京，天气舒服极了。

李　明：那秋天呢？

田　园：秋天不冷不热，公园里漂亮极了。而
　　　且，那儿没有北京这么干燥。

李　明：可惜春天秋天我都不能去。

田　园：怎么了？

李　明：我的假期是 8 月初。

田　园：8 月那儿老下小雨，跟南方的天气差
　　　不多，天气热，又潮湿。

李　明：那我是不是得带上雨伞啊？

田　园：雨伞当然得带，你最好再多带几件 T
　　　恤衫，洗了不容易干。

——{ 본문 2 }——

方　丽：哎，孙梅，东西都准备好了吗？

孙　梅：准备好了。方丽，你呢？

方　丽：差不多了。衣服、CD，还有火车票。

孙　梅：你最好带一件厚一点儿的夹克，薄一
　　　点儿的防寒服也行。

方　丽：那儿有那么冷吗？

孙　梅：海边风大，特别是早晚。再说，天气
　　　还有可能变呢。

方　丽：还有别的要带的吗？

孙　梅：对了，别忘了带太阳镜，春天的太阳
　　　也是很厉害的。

方　丽：还是你有经验。

——{ 본문 3 }——

李　娜：小健，明天你就出差走啦？去几
　　　天？

小　健：三四天吧。

李　娜：是先去西安再去昆明吗？

小　健：对，在西安只呆一天，后天坐飞机去
　　　昆明。

李　娜：一个在北方，一个在南方。那你穿什
　　　么衣服啊？我给你看看西安昆明这两
　　　天的天气怎么样……西安这两天都是
　　　晴天，二到五度，白天跟这儿差不多，
　　　晚上比北京还暖和好几度呢。

小　健：那我穿得跟现在一样就行。

李　娜：不过昆明的天气可不太好。

小　健：是吗？

李　娜：这两天都有小雨，白天都是十七八度，夜里是五六度。

小　健：这么暖和？

李　娜：春城嘛。

小　健：唉，我最讨厌下雨了，去哪儿都不方便。

李　娜：看样子你的东西少不了，冬天的、春天的都得带上。

리 나: 샤오지엔, 내일 바로 출장 가는 거야? 며칠이나 가니?

샤오지엔: 사나흘 정도.

리 나: 먼저 시안에 갔다가 쿤밍에 가는 거야?

샤오지엔: 맞아, 시안에서는 하루만 머물고 모레 비행기를 타고 쿤밍으로 가.

리 나: 하루는 북쪽에 하루는 남쪽이라. 그럼 너 무슨 옷을 입어? 내가 요며칠 시안과 쿤밍의 날씨가 어떤지 봐줄게. 시안은 요며칠 날씨가 맑고 최저기온 2도, 최고기온이 5도야. 낮에는 여기와 비슷하고, 밤에는 베이징보다 몇 도나 더 따뜻하네.

샤오지엔: 그럼 지금과 똑같이 입으면 되겠네.

리 나: 하지만 쿤밍의 날씨는 그다지 좋지 않아.

샤오지엔: 그래?

리 나: 요며칠 비가 조금 오고 낮에는 벌써 17~18도나 되고 밤에는 5~6도네.

샤오지엔: 그렇게나 따뜻해?

리 나: 봄이잖니.

샤오지엔: 에이, 나 비오는 게 제일 싫은데. 어딜 가도 불편하잖아.

리 나: 보아하니 짐이 적지 않겠다. 겨울 거, 봄 거 다 가지고 가려면.

종합문제

1　1 暖和　　2 冷　　3 湿润　　4 喜欢
　　5 湿　　6 晴　　7 薄　　8 麻烦

2　1 ○　　2 ×　　3 ○　　4 ○

2　今天早上下了小雨，小雨以后，空气很好，不过风有点儿大。天气预报说，今天晚上风会慢慢变小，可是温度会比较低。明天早上比较凉，大概4℃左右，容易感冒，所以老人孩子出去的时候最好别脱毛衣，一定要穿暖和一点儿。明天白天天气很好，下午的最高气温是18℃，这么暖和的天气，去公园看花儿或者去郊区玩儿都非常合适。

오늘 아침 비가 조금 내렸다. 비가 조금 내린 다음이라 공기가 아주 좋았지만 바람이 조금 세게 불었다. 일기예보에서 오늘 밤에는 바람이 천천히 잦아들겠지만, 기온이 비교적 낮을 것이라고 했다. 내일 아침에는 비교적 서늘해서 약 4도 정도로 감기 들기 쉬우니 노인과 아이들이 외출할 때 가능한 스웨터를 벗지 말고 반드시 따뜻하게 입어야 한다고 했다. 내일 낮에는 날씨가 아주 좋고 오후에는 최고기온이 18도라서 이런 따뜻한 날씨에는 공원에 가서 꽃을 감상하거나 교외로 놀러 나가기에 아주 적합하다.

신공략 중국어 리스닝 초급편

편저 毛悦, 梁菲, 张美霞
펴낸이 정규도
펴낸곳 (주)다락원

초판 1쇄 발행 2005년 9월 1일
초판 11쇄 발행 2015년 2월 23일

책임편집 최준희, 신성은
디자인 정현석, 김금주

다락원 경기도 파주시 문발로 211
내용문의: (02)736-2031 내선 430~437
구입문의: (02)736-2031 내선 250~252
Fax: (02)732-2037
출판등록 1977년 9월 16일 제300-1977-23호

값 17,000원 (오디오 CD 4장 포함)

ISBN 978-89-7255-775-7 18720
       978-89-7255-774-9 (세트)

http://www.darakwon.co.kr
• 다락원 홈페이지를 통해 인터넷 주문을 하시면 자세한
  어학 정보와 함께 다양한 혜택을 받으실 수 있습니다.